나 자신,
영원하고 무한한

Being Myself
by Rupert Spira

Copyright ⓒ Rupert Spira 2021
All rights reserved

Korean translation copyright ⓒ 2024 by Chimmuk Books
Korean translation rights arranged with Sahaja Publications

이 책의 한국어판 저작권은 Sahaja Publications 사와의 독점 계약으로
'침묵의 향기'가 소유합니다.
저작권법에 의하여 한국 내에서 보호를 받는 저작물이므로
무단 전재와 복제를 금합니다.

우리가 상상하지도 못한 참된 나 자신!

나 자신,
영원하고 무한한

◇◇◇

루퍼트 스파이라 지음
김윤 옮김

침묵의 향기

주의 빛 안에서 우리가 빛을 보리니
_시편 36:9

목차

머리말

감사의 말

독자에게

1. 나 자신이라는 느낌   ..17
2. 모든 경험의 배후에 있는 그것   ..29
3. I Am   ..43
4. 순수한 앎   ..59
5. 참된 자기의 본성   ..71
6. 무한하고 영원하며 늘 현존한다   ..83
7. 보이지 않다가 드러난다   ..99
8. 존재의 기쁨   ..113
9. 세상과 나 자신은 하나   ..127
10. 우리 안의 평화와 행복   ..137
11. 참된 본성에 자리 잡기   ..147
12. '나'라는 이름   ..157
13. 신성한 이름   ..169

머리말

세계의 영적, 철학적 전통을 실로 꿰듯이 관통하는 공통의 인식이 있습니다. 그것은 여러 언어에서 많은 이름으로 불렸지만, 가장 잘 알려진 이름은 바로 '영원의 철학'입니다.

이 철학의 특징은 세계의 경전들, 신비가들과 현자들의 가르침을 비교 연구하여 확인할 수 있겠지만, 그 본질적인 요지는 제1원리에서 유추할 수 있습니다. 그것은 형이상학적 절대자로 시작하는데, 마이스터 에크하르트의 신성(Godhead), 플라톤의 선(善), 플로티누스의 하나(One), 이븐 알 아라비의 신성한 본질, 샹카라차리야의 속성 없는 최고 실재, 노자의 영원한 도(道), 족첸의 근본 바탕과 같은 용어로 가리키는 궁극의 실재 또는 지고의 원리입니다.

절대자는 필연적으로 한계, 제한, 한정이 없습니다. 그것은 유일하며, 동시에 모든 것을 포함하는 전체입니다. 절대자는 당연히 부분이 없습니다. 왜냐하면 유한하고 상대적인 것은 절대자의 절대성, 무한함과 공통된 부분을 가질 수 없기 때문입니다. 현상계는 절대자의 무한함 또는 보편적 가능성의 결과로 생기지만, 현상계는 절대자와 분리되어 있지도 않고 동일하지도 않습니다.

궁극에는 절대자와 현상계라는 두 가지 실재가 존재하는 것이 아니며, 절대자만이 실재이지만 현상계는 결국 절대자와 다른 것이 아닙니다. 인간은 현상계의 일부로서, 현상계와 절대자 사이의 본래 역설적인 관계에 참여합니다. 현상계가 절대자와 다른 것이 아니듯이, 우리도 이 나뉘지 않음을 공유합니다.

영(靈) 또는 참된 자기는 절대자의 내재하는 현존(現存)이자 우리 주관성의 참된 기반입니다. 그것은 우리의 원리이자 본질이며, 우리의 존재 전체가 여기에서 나옵니다. 우리가 영 또는 참된 자기와 같음을 깨닫는 것은 우리의 완전함과 자유를 깨닫는 것이며, 우리가 실제로는 한 번도 분리된 적이 없는 절대자에게 돌아가는 것입니다. 이러한 깨달음은 '영원의 철학'의 실현이자 확인입니다.

그렇다면 이러한 통합된 정체성은 어떻게 실현될 수 있을까요?

각 전통은 저마다의 길과 수단을 제공하지만, 그런 가르침과 영적 수행은 깨달음의 바깥 경계로만 이어질 수도 있습니다. 아직 뛰어넘어야 할 틈이 있습니다. 플라톤은 〈일곱 번째 편지〉에서, 논리적 추론에서 지성적 통찰로 갑자기 넘어가는 일에 관해 이야기합니다. 아름다운 것의 형태에 관한 이해를 다루는 플라톤의 《향연》에서 예언자 디오티마가 묘사하듯이, 통찰은 '갑자기' 찾아오며, 지금 여기의 현존으로서 영혼에 드러납니다.

> 이런 종류의 일은 다른 학문과 달리 말로 표현할 수 없지만, 오래 친숙해지고 그것 자체와 함께 살다 보면, 불에서 뛰어오르는 듯한 빛이 갑자기 영혼에 불을 붙이고, 거기서 그것 자체가 그것 자체를 돌봅니다.

이와 비슷하게, 아드바이타 베단타의 교육 과정은 가르침을 듣고, 숙고하고, 그 안에서 안정되는 등 참여를 심화하는 세 가지 과정으로 진행됩니다. 이성적이면서도 경험적인 이런 참여 과정을 통해 직접적인 통찰이나 깨달음이 일어날 수 있습니다. 이러한 깨달음이 언제 어떻게 올지는 알 수 없지만, 그 과정은 그렇지 않습니다. 깨달음은 능숙한 가르침을 알맞게 받아들인 결과입니다.

루퍼트 스파이라는 깊은 깨달음의 이해와 폭넓은 실제 경험을 바탕으로 얘기하면서 구도자를 이 근본적인 통찰로 인도하는 능숙한 스승입니다. 옛날에는 구도자가 준비된 상태를 생나무와 마른 나무로 비유하여 비교했습니다. 나무가 충분히 마르면 마침내 불이 붙을 수 있습니다. 루퍼트 스파이라의 가르침은 수많은 '불꽃'을 던져서 구도자를 점점 더 '마르게' 하여, 플라톤과 마찬가지로, 결국 통합된 깨달음이 불붙도록 인도한다고 볼 수 있습니다.

샹카라차리야는 비이원적 이해의 핵심을 "절대자가 유일한 실재다. 세계는 그 자체로는 실재가 아니다. 개별 자아는 절대자와 다르지 않다"로 요약합니다. 이 책《나 자신, 영원하고 무한한》에서 루퍼트는 주로 이 말의 결론 부분에 중점을 두면서, 개별적인 '나(I)'와 절대적인 '나(I AM)'가 본질적으로 동일함을 강조합니다. 이후 루퍼트가 말하는 모든 내용은 그 본질적인 통찰을 가리키는 지시봉이자 '불꽃'입니다.

평범한 일인칭 대명사로 보이는 '나'가 이 깨달음의 열쇠입니다. 이 '나'는 무엇일까요? 라마나 마하리쉬가 구도자들에게 "나는 누구인가?"라고 스스로 묻도록 반복해서 지도했듯이, "너는 나를 누구라고 말하는가?"라는 그리스도의 친숙한 질문을 개인적인 질문으로 받아들여 내면으로 향할 수 있습니다.

불타는 떨기나무 가운데 나타나신 신으로부터 모세에게 들려온 "나는 I Am이다(I am that I Am)"라는 대답은 'I Am'이 나다(I Am is who I am)'로 이해될 수 있습니다. "나는 실재다"라는 알 할라즈의 기쁨에 찬 선언과 "나는 절대자다"라는 우파니샤드의 '위대한 말'에서도 같은 답을 찾을 수 있습니다.

프랜시스 베이컨은 소수의 책만이 철저하게 '씹고 소화할' 가치가 있다고 말했습니다. 이 책이 바로 그런 책이라고 말하고 싶습니다. 대다수 구도자에게는 듣고 숙고하는 과정이 점진적이며 긴 시간이 걸립니다. 가르침은 분명하지만 미묘하며, 지적으로 명백히 이해하더라도 에고 감각은 끈질기게 남아 있습니다. 또한 루퍼트 스파이라의 말은 지시봉과 같기에 어쩔 수 없이 베일이기도 합니다. 그가 몸짓으로 가리키는 것은 '그것'이며, 우리는 이것을 말로 표현할 수 없고 그것 앞에서는 언어가 실패합니다. 우리는 인내와 깊은 사색, '반추'를 통해 결국 그가 들려주는 말의 베일을 뚫고, 그 말들의 배후와 그 사이로 빛나는 실재를 분명히 인식할 수 있을 것입니다. 독자 여러분도 그것을 발견하기를 바랍니다.

피터 샘슬
뉴욕, 이타카
2020년 9월에

감사의 말

제가 여러 모임에서 진행한 명상 안내를 녹취해 주신 모든 분께 감사의 말씀을 전하고 싶습니다. 그 기록들의 일부는 이 책의 기반이 되었으며, 특히 에드 켈리, 레슬리 터크먼, 모니카 팀벌, 마이클 올리버, 애너벨 윌리엄스, 윌 라이트, 테리 버넷에게 감사합니다. 이 책이 나오기까지 직간접적으로 도움을 주신 재클린 보일, 롭 보우덴, 캐럴라인 시모어, 키이라 오키프, 린다 얼조우니, 루스 미들턴, 스튜어트 무어, 피터 샘슬에게도 감사의 말씀을 전합니다. 그분들이 없었다면 이 책은 나오지 못했을 것입니다. 이분들의 배려와 너그러움, 성실함에 깊은 감사를 드립니다.

독자에게

이 책에 실린 묵상은 루퍼트 스파이라가 지난 몇 년 동안 여러 모임과 수련회에서 명상을 인도한 말 가운데에서 발췌한 것입니다. 원래는 즉흥적으로 전달된 말이었지만, 이 책에서는 반복을 피하고 구어체를 문어체로 바꾸기 위해 적절히 편집되었습니다.

명상은 단어들 자체 중에도 현존하지만, 단어와 단어 사이의 공간에서 일어납니다. 그러므로 이런 묵상들은 원래 거의 모든 문장 사이에 긴 침묵을 두고 말하여, 듣는 사람이 자신의 경험 속에서 그 말들을 살펴볼 수 있는 시간을 갖도록 했습니다. 이 책의 명상들은 이와 비슷하게 천천히 묵상하면서 나아가도록 돕기 위해 문단 사이에 멈추는 공간을 두었습니다.

1
나 자신이라는 느낌

모든 사람에게는 '나 자신'이라는 느낌이 있습니다. '나 자신'이라는 느낌은 우리에게 가장 평범하고 친밀하며 익숙한 경험입니다. 그 느낌은 경험의 내용에 관계없이 모든 경험에 존재합니다. 그 느낌은 모든 경험의 배경입니다.

'나 자신'이라는 느낌은 우리를 떠나지 않으며, 우리와 분리될 수 없습니다.

내가 외로우면 '나 자신'이라는 느낌은, 외로운 감정으로 잠시 물들지만, 지금 여기에 현존(現存)합니다. 내가 사랑에 빠지면 '나 자신'이라는 느낌은, 사랑에 빠진 감정과 섞이지만, 지금 여기에 현존합니다. '나 자신'이라는 느낌은 두 가지 감정에 똑같이 현존합니다.

피곤하거나 배고프거나 흥분하거나 아플 때도 '나 자신'이라는 느낌은 피곤함, 배고픔, 흥분, 아픔이라는 경험과 섞이기는 하지만, 여전히 지금 여기에 현존합니다. 정말로 모든 경험에는 '나 자신'이라는 느낌이 현존합니다.

스크린이 그 위에 나타나는 영상들로 채색되듯이, '나 자신'이라는 우리의 앎은 생각, 감정, 감각, 지각, 활동, 인간관계로 인해 어떤 성질이나 특색을 띠게 됩니다.

영상은 계속 바뀌지만 스크린은 늘 똑같듯이, 경험은 늘 바뀌지만 '나 자신'이라는 사실은 늘 똑같습니다.

'나 자신'은 변화하는 모든 경험에서 늘 존재하는 요소입니다.

• • •

우리 모두에게는 이 '나 자신'이라는 느낌이 있지만, 모든 사람이 그들의 자기를 분명히 경험하는 것은 아닙니다. 대개 우리의 자기 느낌은 생각, 감정, 감각, 지각, 활동, 인간관계 등 경험의 내용과 섞여 있습니다.

이처럼 우리의 일반적인 자기 경험에는 두 가지 요소가 있습니다. 하나는 늘 현존하며 변하지 않는 우리의 존재(있음, being)입니다. 다른 하나는 계속 변하는 우리의 경험에서 나오는 성질인데, 이 성질이 우리의 존재를 제한하고 특색을 띠게 하는 것처럼 보입니다.

모든 경험은 본래 제한되며, 이렇게 경험의 성질들이 우리의 참된 자기와 섞이면 제한된 자아감이 생깁니다. 이것은 분리되어 보이는 자아 즉 에고이며, 이 자아를 위해 대다수 생각과 감정이 일어나고, 대다수 활동과 인간관계가 이루어집니다.

경험의 성질을 벗어 버린 우리의 참된 자기는 특징이 없으므로 그 자체의 한계도 없습니다. 그것은 단순히 한계 없는 무한한 존재입니다. 투명한, 텅 비어 있는, 침묵하는, 고요한.

생각과 감정의 동요가 없는 우리의 본질적인 자기 또는 존재는 본래 평화롭습니다. 방의 공간이 그 안에 있는 사람이나 사물로 인해 흔들리지 않듯이, 우리의 존재는 경험 안에서 일어나는 어떤 것에도 방해받지 않습니다.

내재된 결핍감이 없으므로 우리의 존재는 자연히 충족됩니다. 영화의 내용이 스크린에 아무것도 더하거나 빼지 못하듯이, 우리의 존재는 스스로 완전하여 경험에서 필요한 것이 전혀 없습니다.

그러므로 평화와 행복은 우리 본질적인 존재의 자연 상태이며, 참된 자기를 분명히 아는 사람의 생각, 감정, 행동, 관계에 스며듭니다.

. . .

우리의 본질적인 자기가 경험의 성질과 섞이거나 동일시되도록 허용할 때, 평화와 행복이라는 본연의 상태가 가려지거나 흐려집니다.

물은 그 자체의 맛이 없지만 물에 섞이는 것의 맛을 띠고, 예를 들어 차나 커피가 되는 것처럼 보이듯이, 우리의 본질적인 자기 또는 존재는 그 자체의 속성이 없지만 경험의 성질을 띠고, 한 명의 개인, 유한한 자아 즉 에고가 되는 것처럼 보입니다.

예를 들어, 슬픔, 외로움, 불안 같은 감정이 일어나면, 우리는 투명하고 고요하며 평화롭고 충족된 본질적인 자기를 알 수 없게 됩니다. 우리의 참된 자기를 아는 앎은 감정과 섞이고 감정에 따라 바뀝니다. 우리는 감정을 더 좋아하여 우리의 존재를 간과합니다.

사실, 우리는 그런 감정이 되는 것처럼 보입니다. "나는 슬픔을 느낀다"는 "나는 슬프다"가 됩니다. 우리는 경험 가운데에서 참된 자기를 잃어버립니다. 참된 자기를 잊어버립니다. 그러나 이러한 망각이 '나 자신'이라는 느낌을 완전히 가리지는 못합니다. 일부만 가릴 뿐입니다. 가장 어두운 감정에 빠져 있을 때도 우리는 여전히 '나 자신'임을 경험하기 때문입니다.

예를 들어, 깊이 우울할 때는 우리의 경험이 어둠에 물들어, 평화와 행복이라는 우리 본연의 성질이 거의 완전히 가려집니다. 우리의 자기는 변색되거나 어두워진 것처럼 보입니다.

그렇지만 차나 커피와 섞여도 물의 본성은 본래 그대로 남아 있듯이, 우리의 본질적인 자기는 경험의 내용과 섞여도 본연의 상태로 남아 있습니다. 우리에게 필요한 것은 모든 경험의 한가운데에서 본질적인 자기 즉 존재와 접촉을 유지하는 것뿐입니다.

· · ·

분리된 자아 즉 에고는 제한되어 있다고 느낍니다. 따라서 자신이 취약하다고 느끼며 불안해하기 쉽고, 그래서 자신을 방어하려고 합니다. 이는 감정적으로 반응하는 성향의 이면에 있는 충동이며, 우리의 본질적인 자기 또는 존재의 자연 상태인 평형을 회복하려는 시도입니다.

분리된 자아 즉 에고는 취약합니다. 그래서 자신감이 없고 열등하고 사랑받지 못한다고 느끼는 경향이 있으며, 우리의 참된 본성에 내재한 존엄성을 회복하기 위해 자신의 힘 등을 키우려 합니다. 이것이 대다수 불평, 비난, 비판의 이면에 있는 충동입니다.

분리된 자아 즉 에고는 불완전하다고 느낍니다. 그래서 자신이 부족하고 부적합하고 불만족스럽다고 느끼며, 온전한 자연 상태를 회복하기 위해 물건, 물질, 활동, 마음 상태 또는 인간관계를 얻어 충족되기를 추구합니다.

그래서 분리된 자아 즉 에고는 만성적이고 만연한 결핍감을 느끼는 끊임없는 결핍 상태로 살아가며, 때로는 극심한 고통을 겪기도 합니다. 이러한 고통은 우리의 참된 자기를 간과하거나 잊어버리는 데서 오는 필연적인 결과입니다.

고통의 깊이는 이 기억 상실의 정도에 따라, 즉 현재의 감정이나 경험이 우리 존재의 핵심에 있는 평화와 행복을 가리도록 허용하는 정도에 따라 달라집니다.

분리되어 보이는 자아 즉 에고에게 고통이 불가피하듯이, 저항과 추구는 자아가 본연의 평화와 행복을 회복하려고 할 때 자아의 생각, 감정, 활동, 관계를 지배하는 두 가지 활동입니다.

분리된 자아는 자신이 정말로 갈망하는 것은 자신이 상상하는 자아를 방어하거나 완성하는 것이 아니라, 겉으로 보이는 한계들을 벗고 본연의 상태로 돌아가는 것임을 거의 깨닫지 못합니다.

• • •

이처럼 평화와 행복을 상실하게 되면, 객관적 경험의 영역에서 평화와 행복을 열심히 추구하게 되는데, 이 추구는 조만간 실패할 수밖에 없습니다. 사실, 그 추구가 어느 정도 실패하지 않았다면 우리 중 누구도 이 책을 읽지 않을 것입니다.

우리가 갈망하는 평화와 행복을 줄 수 있으리라 믿었던 객관적 경험에 대한 환상이 충분히 깨지면, 우리 중 많은 사람은 충족을 약속하는 것으로 보이는 종교 전통이나 영적 전통으로 눈을 돌립니다.

이를 위해 명상, 수행, 기도, 요가, 시각화, 특별한 식단, 영적 스승에 전념할 수 있습니다. 이러한 노력은 어느 정도 갈망의 괴로움을 덜어 주고 삶의 균형과 조화를 회복해 줄 수 있습니다.

하지만 우리의 평화와 행복이 어떤 식으로든 객관적인 경험에 의존하고 있다면, 그 경험이 아무리 신비하고 고귀하더라도, 평화로운 겉모습 아래에는 결핍감이 피어오르고 있다는 것을 확신할 수 있습니다. 머지않아 우리는 경험의 모험을 그만두고 참된 자기로 돌아올 용기와 이해를 갖게 될 것입니다.

모든 주요 종교 전통과 영적 전통의 핵심에 있는 위대한 비밀은 모든 사람이 갈망하는 평화와 행복은 객관적인 경험으로는 얻을 수 없다는 이해입니다. 그것은 오직 우리의 참된 자기, 우리 존재의 깊은 곳에서만 발견될 수 있습니다.

···

 분리된 자아 즉 에고는 참된 자기와 경험의 한계들이 섞여서 생기며, 실재하는 독립체처럼 여겨집니다. 우리의 존재가 경험을 통해 얻은 것처럼 보이는 성질들을 벗어 버리는 것을 영적 전통 문헌에서는 '깨달음'이라고 합니다. 우리의 존재는 참된 자기를 가리거나 '어두워지게' 하는 것 같던 경험의 한계들을 벗어 버립니다.

 깨달음은 우리가 얻거나 이루어야 하는 새롭거나 비범한 경험이 아닙니다. 그것은 단순히 우리의 참된 자기 또는 존재의 원래 본성이 알려지는 것입니다. 우리의 존재보다 더 친밀하고 익숙한 것은 없습니다. 깨달을 때 집에 돌아온 것처럼 느껴지는 것은 그 때문입니다. 선(禪)의 전통에서는 이를 가리켜 우리의 본래 얼굴을 알아보는 것이라고 합니다.

 깨달음에는 색다르거나 신비로운 것이 없습니다. 그것은 단순히 경험으로 흐려지기 전에는 늘 알고 있던, 정말로 늘 알고 있던 것을 알아보는 것일 뿐입니다.

깨닫는 사람은 아무도 없습니다. 우리의 존재는 단순히 상상 속의 한계들을 벗어 버릴 뿐이며, 그로 인해 평화와 행복이라는 본래 상태가 빛나게 됩니다.

2
모든 경험의 배후에 있는 그것

어떤 것의 본질은 그것과 분리될 수 없는 것입니다. 스크린 위에 상영되는 영화가 스크린을 이루는 필수 요소가 아니듯이, 생각, 이미지, 느낌, 감각, 지각, 활동, 관계는 우리에게 본질적인 것이 아닙니다.

경험은 영화처럼 오고 갑니다. 하지만 우리의 본질적인 자기는 나타나거나 사라지지 않습니다. 그것은 늘 지금 여기에 현존하며 변하지 않습니다. 그것은 모든 변하는 경험에서 하나의 변함없는 요소입니다.

우리가 경험에서 얻은 성질과 한계들을 벗어 버리면, 우리에게는 본질적인 것, 즉 벌거벗은 존재, 조건 지어지지 않은 존재만이 남습니다. 사실, 우리는 그것을 '우리의' 존재라고 부를 수도 없습니다. 한계들이 없으면 그것은 더는 개인의 특성으로 채색되지 않기 때문입니다.

그것은 우리의 내면 가장 깊은 본질이며, 동시에 완전히 비개인적인 존재입니다. 친밀하고 비개인적이며 무한한 존재.

존재는 개인에게 속한 성질이나 속성이 아닙니다. 개인은 친밀하고 비개인적이며 무한한 존재의 일시적인 이름과 모습입니다.

경험으로 인해 어떤 성질을 띠기 전, 우리 각자 안에서 '나 자신'이라는 느낌으로 빛나는 것은 이 비개인적인 무한한 존재입니다.

경험에서 물려받은 성질들을 벗어 버린 존재는 무한하고 완전하고 나뉠 수 없는 온전한 전체이며, 모든 사람, 동물, 사물은 겉보기에 독립적인 존재를 그것에서 빌려옵니다.

이 존재의 하나임은 우리 각자의 마음속에서 '나 자신'이라는 느낌 또는 '나는 있다(I am)'라는 앎으로 빛납니다. 세상에서는 모든 것의 '있음'으로서 빛납니다.

우리가 공유하는 존재를 알아보는 것은 사람이나 동물과 관련해서는 사랑을, 사물이나 세상과 관련해서는 아름다움을 경험하는 것입니다.

...

유쾌하든 불쾌하든 중립적이든 그 내용에 관계없이, 모든 생각과 감정은 일어나고 사라집니다. 우리의 가장 친밀하고 소중한 감정조차 늘 지금 여기에 현존하지는 않으며, 이처럼 우리와 늘 함께하지는 않는 것이 우리에게 본질적인 것일 수는 없습니다.

그러니 생각이나 감정을 조작하거나 없앨 필요가 없으며, 우리의 본질적인 자기 또는 존재는 생각과 감정에 앞서 있고 독립적으로 있다는 것을 분명히 알기만 하면 됩니다. 우리의 본질적인 자기는 우리가 노력이나 수행을 통해 독립적인 것으로 만들 필요가 없습니다. 그것은 늘 그리고 이미 본래 자유롭습니다. 그렇다는 것을 알아보기만 하면 됩니다.

신체 감각의 성격이 무엇이든, 어떤 감각도 끊임없이 현존하는 것은 없으며, 감각은 우리의 경험에서 늘 나타나고 펼쳐지고 사라집니다. 따라서 우리는 어떤 식으로든 신체 경험을 조작할 필요가 없습니다. 단지 우리의 존재가 몸의 상태에 앞서 있고, 몸의 상태와 독립하여 있다는 것을 알아보기만 하면 됩니다.

시각, 청각, 미각, 촉각, 후각 등 세상에 대한 지각도 마찬가지입니다. 이 모든 것은 나타나고 존재하고 펼쳐지고 사라집니다. 우리에게 본질적인 것은 아무것도 없습니다.

관계도 우리에게 본질적인 것이 아닙니다. 아무리 친밀한 관계라도 절대적으로 필요한 관계는 없습니다. 사실, 지금 이 순간 생각을 참고하지 않으면, 관계를 맺고 있거나 관계하고 있다는 사실을 알지 못할 것입니다. 이는 관계가 유효하지 않거나 바람직하지 않다는 뜻이 아니라, 우리의 본질적인 자기 또는 존재가 관계에 앞서 있고, 관계로부터 독립하여 있다는 뜻입니다.

어떤 활동도 우리에게 본질적인 것이 아닙니다. 우리가 하는 모든 활동은 '나 자신'이라는 느낌이 함께합니다. 우리는 어떤 활동에 참여할 때 그 활동에 완전히 몰입하거나 그 활동과 동일시할 수 있지만, 그 활동이 멈추면 우리의 참된 자기 또는 존재는 늘 있는 그대로 남아 있습니다.

순수 존재에게는 아무 일도 일어나지 않습니다.

・・・

우리가 모든 생각, 이미지, 기억, 감정, 감각, 지각, 활동, 관계를 놓아 버리면, 무엇이 남을까요?

우리의 참된 자기만 남습니다. 그것은 깨달은, 더 높은, 영적인, 특별한 자기, 또는 우리가 노력이나 수행, 훈련을 거쳐 된 자기가 아니라, 그저 경험으로 채색되기 전에 늘 그리고 이미 우리 자신인 본질적인 자기 또는 존재일 뿐입니다.

우리는 경험을 조작하지 않으며, 단지 주의 깊게 살펴보며 숙고하기만 합니다. 우리의 자기가 진화하는 것도 아닙니다. 그저 경험에서 얻은 것처럼 보이는 한계들 없이 명백히 보일 뿐입니다.

존재는 늘 똑같은 본연의 상태입니다. 만약 경험으로 채색되기 전의 '나 자신'이라는 느낌을 지금 확인한 뒤, 다섯 살, 열 살, 스무 살, 서른 살에 한 같은 경험을 확인할 수 있다면, 우리는 늘 똑같은 자기, 똑같은 순전한 존재를 발견할 것입니다.

인생의 굴곡을 겪는 동안, 우리의 존재에는 아무 일도 일어나지 않습니다. 그 본질은 경험으로 인해 변색하거나 훼손되지 않습니다. 단지 일시적으로 가려졌을 뿐입니다.

이는 밤에 잠자리에 들기 전에 옷을 벗는 것과 같습니다. 벗을 수 있는 모든 옷을 벗으면, 벌거벗은 몸만 남습니다. 우리의 벌거벗은 몸은 옷을 벗을 때마다 만들어지는 것이 아니라, 그저 드러나는 것입니다.

우리는 옷을 벗을 때 벌거벗은 몸이 '되는' 것도 아닙니다. 우리가 눈치채지 못했을 뿐, 우리의 벌거벗은 몸은 여러 겹의 옷에 덮인 채 온종일 현존하고 있었습니다.

우리도 비슷한 방식으로 우리의 벌거벗은 존재로 돌아갑니다. 사실은 우리의 존재로 '돌아가는' 것도 아닙니다. 우리는 우리의 존재를 정말로 떠난 적이 없기 때문입니다. 우리의 존재는 자기를 떠나지 않습니다. 우리가 어디를 가든 우리의 존재는 함께하며, 우리가 무엇을 생각하고 느끼고 행동하든지 늘 현존합니다.

우리는 그저 '옷을 벗을' 뿐입니다. 우리는 우리의 존재가 모든 경험의 밑에 또는 배후에 있음을 분명히 압니다.

・・・

경험에서 빌려 온 성질을 벗어 버린 우리의 본질적인 자기 또는 존재는 조건 지어지지 않으며 한계가 없습니다. 그것은 객관적 성질이 없으니, 객관적 경험의 내용을 전달하기 위해 발달한 용어로 정의하거나 묘사할 수 없습니다. 그 모든 언어는 이러한 객관성에 내재한 한계들에 어느 정도 물들어 있기 때문입니다.

자체의 색이 없는 스크린을 묘사하는 가장 좋은 방법은 '그것은 무엇이다'가 아니라 '그것은 무엇이 아니다'—파란색도 아니고, 빨간색도 아니고, 초록색도 아니고, 노란색도 아니다—라고 말하는 것이며, '투명한', '색이 없는', '비어 있는' 같은 단어는 이를 전달하려는 시도일 뿐입니다.

따라서 우리가 본질적인 자기 또는 존재에 관해 말하려면, 양보하여 일상 언어에서 단어를 빌릴 수밖에 없습니다. '투명한', '광대한', '고요한', '움직이지 않는', '평화로운', '완전한' 같은 단어들은 우리의 본질적인 존재를 묘사하는 것이 아니라, 본질적인 존재의 성질들을 떠올리게 하기 위한 것입니다. 사실은 우리의 본질적인 존재에 어떤 성질들이 있는 것처럼 암시하는 것조차 그 자체로 양보하는 것입니다.

우리의 생각은 동요할 수 있지만, 생각이 없을 때, 심지어 생각이 있을 때도 그 배경에 있는 우리의 본질적인 자기는 그런 성질들이 없습니다. 이러한 동요가 없는 것을 '평화'라고 하며, 따라서 평화는 우리 존재 안에 본래 있다고 말합니다.

우리는 결핍감을 느낄 수 있지만, 그런 느낌들의 이전과 배경에 있는 우리의 본질적인 자기는 결핍을 알지 못하며, 우리는 결핍이 없는 것을 '행복'이라고 부릅니다. 그러니 우리의 존재는 행복 자체라고 할 수 있습니다.

'평화'와 '행복'이라는 단어는 일반적인 의미의 느낌이나 감정을 묘사하는 것이 아닙니다. 그것은 우리가 경험으로 얻는 것처럼 보이는 한계들이 없는 참된 자기의 본성입니다.

우리의 참된 자기 또는 존재는 경험의 모험을 벗어나 자기 자신으로 '돌아가는' 순간, 본래 있는 그대로의 자기를 알아보거나 맛봅니다. 그 맛은 행복 자체입니다.

・・・

배우가 분장하고 연극 속 인물의 생각과 감정을 표현하면서 실제 그 인물이 '된' 것처럼 보여도, 실제로는 그 인물이 아니라 내내 자기 자신인 것처럼, 우리의 본질적 존재는 경험의 성질들을 옷처럼 입고 일시적으로 유한한 자아가 된 것처럼 보여도, 실제로는 내내 영원하고 무한한 앎(Awareness)이 아닌 순간이 없습니다.

리어왕 역을 맡은 존 스미스라는 배우를 상상해 보세요. 존 스미스는 평화롭고 만족스러운 삶을 살고 있는데, 매일 밤 집을 나와 극장에 가서 의상을 입고 리어왕의 생각과 감정을 연기합니다.

어느 날 밤, 평소처럼 연극이 시작되고 리어왕은 딸들과 말다툼을 시작합니다. 하지만 극이 전개되면서 그는 점점 더 연극에 몰입하게 되고, 어느 순간 자신이 존 스미스라는 사실을 잊은 채 실제로 리어왕이 된 것처럼 여깁니다. 존 스미스는 '나는 리어왕이다'라고 믿고 느낍니다. 그 생각과 느낌이 그를 사로잡는 순간, 그의 괴로움이 시작됩니다.

연극은 끝났지만, 그는 존 스미스로 돌아가는 것을 잊어버리고, 경험의 드라마 속에 빠져 버립니다. 친구가 축하하러 분장실에 왔을 때 비참한 표정을 짓고 있는 리어왕을 발견합니다. "왜 비참해 하나?" 친구가 묻습니다. "자네의 연기는 정말 훌륭했네!"

리어왕은 "나는 코델리아와의 관계와 프랑스와의 전쟁 때문에 비참하다네"라고 대답합니다.

그의 상태를 이해한 친구는 "아니, 자네가 비참한 것은 자신이 누구인지를 잊어버렸기 때문일세. 진짜 자네는 누구인가?"라고 묻습니다. 리어왕은 "나는 세 딸의 아버지이자 영국의 왕이라네"라고 대답합니다.

"아니, 아니. 그건 진짜 자네가 아니네!" 친구가 외칩니다. "아버지나 왕이기 전에 자네는 누구인가? 이전으로 돌아가게. 자기 안으로 더 깊이 들어가 보게."

리어왕이 자신의 생각과 감정을 묘사하기 시작하자, 친구는 다시 "아니, 이런 생각과 감정은 자네에게 본질적인 것이 아니네"라고 말합니다. "그것들이 자네와 늘 함께하지는 않으니 말일세. 생각과 감정 이전의 자네는 누구인가?"라고 묻습니다.

리어왕은 자신의 인간관계, 활동, 생각, 감정, 개인사, 교육받은 것 등을 버리면서 자기 자신 속으로 점점 더 깊숙이 들어갔습니다. 그러다가 마침내 그에게 본질적이지 않은 모든 것이 사라졌고, 경험으로 인해 제한되지 않은 참된 자기가 드러났습니다. 그는 조용히 말합니다. "나는 존 스미스다." 그 순간 그의 괴로움이 사라집니다.

· · ·

"나는 존 스미스다"라고 알아보는 것이 바로 리어왕의 본질적인 자기가 드러나는 것이듯이, 우리의 벌거벗은 존재를 분명히 보는 것이 바로 우리의 참된 자기를 알아보는 것입니다. 그것은 우리가 한때 알고 있었지만 그 후 잊고 있던 것을 알아보는 것이 아니라, '지금' 현존하고 '늘' 알고 있지만 평소에는 무시하거나 간과하는 것을 알아보는 것입니다.

그것은 경험에 가려지기 전 우리의 본질적이며 더 줄일 수 없는 본성이 드러나는 것이며, 이 드러남으로 평화와 행복이 회복됩니다.

사실, 모든 사람은 모든 경험의 순간에 자기의 존재를 알거나 '나 자신'임을 경험합니다. 누구든지 자기 자신을 아는 앎이 경험의 내용에 완전히 가려질 수는 없습니다. 가장 어두운 순간에도 우리에게는 여전히 '나 자신'이라는 느낌이 있습니다. '나 자신'이라는 느낌은 결코 우리를 떠나지 않습니다. 그것은 우리 자신이며, 우리는 자기를 떠날 수 없기 때문입니다.

우리의 참된 자기를 제외한 모든 것은 우리를 떠날 수 있지만, 우리의 참된 자기는 그 자신을 떠날 수 없습니다. 상대적으로 말해, 우리가 몸을 벗어날 수 없는 것과 같습니다. 우리는 옷에서는 벗어날 수 있지만, 몸에서는 벗어날 수 없습니다.

우리가 어디를 가든지 (대개 옷에 가려져 있기는 해도) 벌거벗은 몸을 가지고 다니듯이, 우리는 무엇을 하든 (대개 경험에 가려지기는 해도) 벌거벗은 존재를 가지고 다닙니다.

그리고 우리가 벌거벗은 몸을 느끼기 위해 옷을 벗을 필요가 없듯이, 우리의 타고난 평화와 행복을 느끼기 위해 어떤 식으로든 경험의 내용을 바꿀 필요는 없습니다.

3
I Am

우리는 평생 자기를 '나'라고 부릅니다. "나는 스물네 살이다, 마흔다섯 살이다, 예순여덟 살이다", "나는 키가 162cm다, 188cm다", "나는 프랑스인이다, 영국인이다", "나는 건강하다, 아프다", "나는 부자다, 가난하다", "나는 외롭다, 불행하다", "나는 피곤하다, 춥다", "나는 미혼이다, 기혼이다", "나는 엄마다, 아빠다", "나는 의사다, 예술가다", "나는 길을 걷고 있다", "나는 책을 읽고 있다" 등등.

이러한 말 하나하나에서 우리는 우리의 본질적인 자기-'나' 또는 '나다(I am)'-를 언급하는데, 이 자기는 모든 경험 내내 늘 현존하며, 변화하는 다양한 감정, 상태, 조건, 활동, 관계로 인해 한정됩니다.

나는 늘 스물네 살, 마흔다섯 살, 예순여덟 살은 아니지만, 늘 있습니다. 나는 늘 키가 162cm나 188cm는 아니지만, 늘 있습니다. 나는 늘 외롭거나 불행하거나 피곤하거나 춥지는 않지만, 늘 있습니다. 나는 늘 혼자이거나 누구와 함께하고 있지는 않지만, 늘 있습니다. 나는 늘 길을 걷거나 책을 읽는 것은 아니지만, 늘 있습니다.

나는 늘 이 가운데 어느 하나인 것은 아니지만, 늘 있습니다. 모든 감정, 상태, 조건, 활동 또는 관계는 나에게 더해졌다가 나에게서 없어집니다. 그것들은 본질적인 나의 일부가 아닙니다. 그것들은 내 본질적인 존재의 일부가 아닙니다.

우리의 본질적인 자기 또는 존재는 우리 각자 안에서 '나 자신'이라는 느낌, 있다는 느낌, 또는 '나는 있다(I am)'라는 순수한 앎으로 빛납니다. 이 앎을 순수하다고 하는 까닭은 (경험의 내용으로 인해 어떤 성질을 띠기 전에는) 어떤 객관적인 성질도 없기 때문입니다. 앎은 투명하고 비어 있고 고요하며 평화롭습니다.

• • •

스크린이 무수히 많은 색을 나타낼 수 있는 까닭은 투명하고 비어 있기 때문입니다. 스크린이 어떤 영상으로 채색되더라도 스크린의 본래 투명한 '본성'이 사라지는 것이 아니며, 잠시 그 색을 띨 뿐입니다. 색이 사라져도 스크린에는 새로운 일이 일어나지 않습니다. 일시적인 색조가 사라지고 원래의 투명한 상태가 드러날 뿐입니다.

스크린이 나타내는 색을 얻는 것처럼 보이듯이, 우리의 참된 자기도 경험의 성질들을 얻는 것처럼 보입니다. '나(I am)'는 '나는 이것이다' 또는 '나는 저것이다'가 되는 것처럼 보입니다. 그러나 스크린에 본래 내재하는 색이 없듯이, 우리의 참된 자기에도 본래 내재하는 속성이나 성질이 없습니다. 우리가 경험으로 얻는 다양한 성질을 벗어 버리면, 남는 것은 벌거벗은 '아는 존재'뿐입니다.

하지만 눈이 눈을 볼 수 없듯이, 우리의 자기 또는 존재는 그 자신과 너무 가까워서 객관적인 경험으로 알려질 수 없습니다. 눈이 자신과 떨어져 있는 것만 볼 수 있듯이, 우리의 자기도 자신과 겉보기에 떨어져 있는 것만 알 수 있습니다. 우리는 자기를 경험의 대상으로 알기 위해 자기로부터 분리할 수 없습니다.

동시에, 우리 자신의 존재는 우리에게 알려지지 않거나 낯선 것이 아닙니다. 사실, 우리 자신의 존재는 다른 어떤 것보다 우리에게 더 친밀하게 알려져 있습니다. 우리 자신의 존재는 우리의 가장 친밀한 생각과 감정보다 우리와 더 가깝습니다. 그러니 우리는 자기를 알기 위해 어디로 가거나 특별한 일을 할 필요가 없습니다.

만약 누가 우리에게 지금 일어서서 자기를 향해 한 걸음 내디뎌 보라고 한다면, 어디로 가겠습니까? 무엇을 하겠습니까? 우리 자신과 더 가까워지는 곳으로 갈 수 있을까요? 또는 우리 자신에게서 더 멀어지는 곳으로 갈 수 있을까요?

우리의 존재도 마찬가지입니다. 우리의 존재를 알려면 어디로 가야 할까요? 아니면 무엇을 해야 할까요? 늘 안다는 사실은 우리가 더 가까이 다가가거나 더 멀어질 수 있는 것이 아닙니다. 늘 아는 앎 또는 '아는 존재'는 경험의 내용에 관계없이 늘 우리 자신입니다.

오히려 우리가 무언가를 하는 행위를 멈추라고 제안하는 편이 더 정확할 것입니다. 우리의 참된 자기가 경험의 내용에 가려지도록 허용하는 행위를 멈추는 것입니다. 우리의 참된 자기나 존재가 경험으로 한정되지 않는다는 것을 알게 되면, 아무것도 할 필요가 없습니다. 그것은 스스로 빛납니다.

• • •

한정되지 않은, 조건 지어지지 않은 '아는 존재'는 우리 각자의 마음속에서 '나' 또는 '나는 있다(I am)'라는 앎으로 빛납니다. 그것은 경험으로 채색되거나 한정되기 전의 존재감 또는 '나 자신'이라는 느낌입니다.

'아는 존재'는 특별하거나 낯선 것이 아닙니다. 그것은 모든 자아 안에 있는 참된 자기이며, 모든 존재 안에 있는 존재입니다. 그것은 잃어버릴 수도 없고 찾을 수도 없습니다. 하지만 가려졌다가 인식될 수는 있습니다. 존 스미스가 리어왕의 옷을 입고 그의 생각과 감정을 취할 때, 그는 그 생각과 감정의 성질과 한계들을 자신의 것처럼 표현하여 결국 리어왕이라는 인물이 된 것처럼 보입니다. 이처럼 리어왕은 존 스미스에 가상의 한계를 더한 인물이지만, 존 스미스는 사실 언제나 존 스미스일 뿐입니다.

리어왕이 '나, 나 자신'을 느낄 때, 그가 느끼는 '나'는 존 스미스,

곧 거기에 있는 유일한 '나'입니다. 즉, 존 스미스라는 자기는 리어왕의 경험에서 '나' 또는 '나는 있다'라는 앎으로 빛납니다.

사실, 자신을 '나'로 아는 것은 리어왕이 아닙니다. 왜냐하면 리어왕 안에 현존하는 유일한 자기 또는 인격은 존 스미스이기 때문입니다. 리어왕이 진짜 '나'를 아는 것은 존 스미스가 자기를 아는 것입니다.

리어왕의 문제는 자신이 존 스미스임을 분명히 알지 못한다는 것입니다. 더 정확히 말하면, 자기를 아는 존 스미스의 앎이 리어왕의 생각과 감정에 가려져서 본래의 자기를 알아보지 못하며, 그래서 본연의 평화, 행복과 접촉하지 못하는 것입니다.

리어왕의 모든 경험은 일시적이고 유한하고 조건 지어져 있으며, 한 가지 측면, 즉 '나'라는 순수한 느낌만이 예외입니다. 이 느낌은 그의 경험 중에서 유일하게 리어왕이라는 등장인물과 무관한 경험 요소입니다.

리어왕이 자기의 본성을 알아보고 자기 안에 본래 있는 평화와 행복을 맛보려면, 자기의 생각, 감정, 활동, 관계를 탐구할 필요 없이, '나, 나 자신'이라는 순수한 느낌, 또는 '나는 있다'라는 앎으로 나아가면 됩니다.

마찬가지로, 경험의 내용에 관심을 기울이느라 우리의 본질적인 자기 또는 존재가 희미해져서 배경으로 물러나도록 허용하는 대신, 경험의 내용이 뒤로 물러나고 존재가 드러나도록 허용하는 것이 필요합니다.

・・・

우리의 참된 자기 또는 존재는 우리 각자 안에서 '나는 있다'라는 앎으로 빛나며, 모든 변화하는 경험에서 변함없는 요소입니다.

내가 우울하면, 나는 그곳에 현존합니다. 내가 외롭거나 피곤하거나 사랑에 빠지면, 나는 그곳에 현존합니다. 내가 차를 마시거나 길을 걷고 있으면, 나는 그곳에 현존합니다. 내가 지금 무엇을 생각하고 느끼고 지각하고 행동하든, 나는 지금 현존합니다.

우리의 본질적인 존재는 모든 경험에서 그 내용에 관계없이 똑같이 빛납니다. 우리의 가장 어두운 감정조차도 존재의 빛으로 환히 빛납니다. 필요한 것은 경험의 한가운데에 있는 존재에 (이 존재가 경험으로 한정되거나 조건 지어지기 전에) 주의를 기울이는 것뿐입니다.

그런데 우리의 참된 자기 또는 존재는 우리와 따로 있는 것이 아니라서, 생각이나 지각에 주의를 기울이듯이 주의를 기울일 수 있는 대상이 아닙니다. 우리는 우리의 참된 자기 또는 존재입니다.

주의를 자기 자신으로부터 경험의 내용으로 향하여 자기를 무시하거나 간과하는 것은 우리의 참된 자기, 즉 안다는 단순한 사실, 또는 앎 자체입니다. 그리고 경험의 내용을 벗어 버리고 자기 자신으로 돌아가는 것도 우리의 참된 자기입니다.

• • •

만약 누가 우리에게 바람 소리나 차 소리, 발바닥의 감각, 창밖의 풍경을 알아차리라고 말하면, 우리는 그것들에 주의를 기울일 것입니다. 하지만 우리의 참된 자기를 알아차려 보라고 하면, 우리는 주의를 어떻게 해야 할까요?

'주의(attention)'라는 단어는 '~에' 또는 '향해'라는 뜻의 라틴어 ad와 '뻗다'라는 뜻의 라틴어 tendere에서 유래했습니다. 해가 지구에 빛을 비추지만 해 자신에게는 너무 가까워서 빛을 비출 수 없듯이, 우리는 경험의 대상을 향해 주의를 모으거나 '뻗을' 수 있지만, 우리의 참된 자기를 향해서는 그렇게 할 수 없습니다. 우리의 자기와 자기 사이에는 거리가 없으며, 그러므로 자기에서 자기로 가는 길은 없습니다.

필요한 것은 오직 객관적인 내용을 향하는 주의의 초점을 이완하여, 주의가 그 근원으로 돌아가도록 허용하는 것입니다. 우리의 참된 자기는 주의의 근원에 있으며, 결코 주의의 대상이 될 수 없습니다. 우리의 참된 자기를 알아보려면 주의를 쉬거나 이완해야 합니다. 어디로 주의를 향하거나 훈련하여 그렇게 되는 것이 아닙니다.

우리는 우리 자신인 것이 될 수 없고, 우리 자신 아닌 것이 될 수도 없습니다. 그러므로 이 접근법에서는 명상을 마음이 수행하는 활동으로 보지 않으며, 명상이 곧 우리 자신의 본성입니다. 명상은 우리가 하는 행위가 아니라 우리 자신인 것입니다.

존재한다는 단순한 사실은 우리 각자에게서 '나' 또는 '나는 있다 (I am)'라는 앎으로 빛납니다. 필요한 것은 단지 그것으로 향하는 것뿐이며, 그러면 그것이 우리를 자기에게로 데려갈 것입니다.

· · ·

구약성서에서 신이 불타는 떨기나무에서 모세에게 나타났고, 모세가 누구냐고 묻자 신은 "나는 나다(I am that I am)"[1]라고 대답했다고 전해집니다. 나는 내가 있다는 것을 아는 앎입니다.

이는 우리의 본질적인 정체성에 관한 단순하면서도 심오한 표현입니다. 모세의 말이 수수께끼처럼 느껴진다면, 뽀빠이도 같은 이해를 표현했습니다. "나는 나 자신이며(I am what I am), 그게 나의 전부입니다." 그는 자신의 본질적인 존재는 경험의 성질을 공유하지 않고, 모든 변화하는 경험 중에도 변하지 않으며 나뉘지 않고

---

1 "나는 I Am이다." 신이 자기 이름이라고 말한 I Am은 가장 단순한 진리를 가리키면서도 여러 의미가 담겨 있어서 우리말로 번역하기가 어렵다. "I am that I am"에는 다음과 같은 의미들이 담겨 있다고 볼 수 있다. 나는 나다, 나는 스스로 있다, 나 홀로 있다, 나만이 존재한다, 나는 늘 있다, 나는 늘 지금 여기에 있는 현존이다, 나는 영원한 현존이다, 나는 언제나 변함없이 본래 그대로 있다, 나는 어떤 것도 아니며, 동시에 모든 것이다, 나는 무한하고 온전하며 완전하다, 나는 존재 자체이며 존재 전체다, 나는 내가 있다는 것을 안다.—옮긴이

한정되지 않은 채 본래 그대로 온전히 남아 있다는 것을 깨달았습니다.

제대로 이해한다면, 이러한 말은 모든 위대한 종교적, 영적 전통의 핵심에 있는 본질적인 진실을 전달하며, 우리가 무엇보다도 갈망하는 평화와 행복이 어디에서 발견될 수 있는지를 알려 줍니다. 우리는 참된 자기를 아는 앎이 경험의 내용에 가려지는 정도만큼 평화와 행복을 덜 느끼게 됩니다.

존재는 어떤 사람들이 다른 사람들보다 더 많이 가지고 있는 것이 아니며, 누구도 그것에 다가갈 수 있는 특권을 가지고 있지 않습니다. 모세, 붓다, 예수, 마이스터 에크하르트, 라마나 마하리쉬 등 많은 사람 안에서 '나' 또는 '나는 있다'라는 앎으로, 있다는 느낌 또는 단순히 '나 자신'이라는 느낌으로 환히 빛난, 한정되지 않고 조건 지어지지 않은 '아는 존재'는 바로 우리 각자 안에서 지금 빛나고 있는 '아는 존재'와 정확히 똑같습니다.

유일한 차이점은 그들의 본질적인 존재가 경험의 내용에 가려지지 않았다는 것입니다. 경험은 그들을 그들 자신에게서 벗어나게 할 능력을 잃었습니다.

⋯

　경험에서 비롯된 성질들을 벗어 버린 우리의 참된 자기는 개인의 특성이나 속성이 없습니다. 그러한 모든 특성은 개인의 경험에서 나오기 때문입니다.

　따라서 우리의 본질적인 자기는 개인적인 것이 아니지만 완전히 친밀합니다. 그것은 경험을 초월하면서 동시에 그 안에 내재합니다. 경험의 어떤 측면도 우리의 참된 자기나 존재의 감각이 가득하지 않은 것은 없습니다. 동시에 우리의 참된 자기나 존재는 경험에서 일어나는 어떤 것의 한계나 운명도 공유하지 않습니다.

　마찬가지로, 방의 공간은 방에 가득하지만, 방에 한정되거나 갇히지 않습니다. 공간은 무한하며, 우리의 존재도 역시 무한합니다. 사실, 그것은 '우리의' 존재가 아니라 그저 '존재'일 뿐입니다. 공간이 방의 소유물이 아니듯이 존재는 개인의 속성이 아니기 때문입니다.

　우리 각자의 마음속에서 '나' 또는 '나는 있다'로 빛나는 존재는 개인적인 존재나 자아가 아닙니다. 그것은 나뉘지 않으면서 수많은 외견상 자아로 굴절되는[2], 무한하고 나뉠 수 없고 눈에 보이지 않으며 비개인적인 단 하나의 존재입니다. 우리는 모두 같은 존재를 공유합니다.

종교에서는 이 무한하고 나눌 수 없고 비개인적인 단 하나의 존재를 신성하다고 말합니다. 그것은 인간의 본질이지만, 인간 경험의 제한되는 성질을 공유하지 않기 때문입니다.

우리가 인간에게 가장 존경하고 감탄하는 모든 성질은 우리의 본질적인 자기 또는 존재의 본성이 표현된 것입니다. 우리를 진정으로 인간답게 만들어 주는 것은 우리 안에 있는 신성(神性)입니다.

---

2 빛이 프리즘을 통과하며 다양하게 굴절되어 여러 색깔로 보이듯이.—옮긴이

4

순수한 앎

우리의 경험을 아는 것은 무엇입니까? 이 질문이 당신을, 무엇이든 당신이 알아차리는 대상으로부터 '아는 그것'으로 데려가도록 허용해 보세요.

이 질문이 아는 그것으로 '우리를 데려가게' 해 보라는 제안은 (의도하지 않았음에도) 마치 우리가 하나의 독립체이며, '아는 그것'은 우리가 다가갈 수 있는 것인 양 여겨지게 할 수 있습니다.

우리는 앎[3]입니다! 우리는 그곳으로 데려가질 수 없고, 그곳으로

---

3 Awareness. 우리의 늘 아는 본성. 지은이에 따르면, 우리의 본성 또는 본질은 늘 있는 '현존'이며 늘 아는 '앎'이다. 지은이는 이 두 가지 측면을 합쳐 '아는 현존'이라고 표현한다. 우리가 지금 오감을 통해 무엇을 알든, 지금 일어나는 생각이나 감정을 알든, 자신이 지금 존재한다는 것을 알든, 무엇이든지 아는 것은 우리가 앎이기 때문이다. 앎이 안다. 우리가 앎이 아니라면 아무것도 알 수 없다.—옮긴이

갈 수도 없습니다. 나는 나 자신을 향해 나아갈 수 없습니다. 이미 나 자신이기 때문입니다.

그러므로 우리가 우리의 경험을 아는 그것이 무엇인지 물을 때, 경험의 객관적인 내용(생각, 이미지, 감정, 감각, 지각)에 기울이던 주의를 거두어, 우리의 참된 자기로 돌아오는 것은 우리 자신인 앎입니다. 우리는 참된 자기를 기억해 냅니다. 참된 자기를 알아차립니다.

사실, 우리는 참된 자기를 늘 압니다. 왜냐하면 늘 아는 것(being aware)은 우리가 하는 행위가 아니라 우리 자신인 것이기 때문입니다. 대체로 경험에 가려져 있기는 하지만, 앎은 모든 사람의 경험의 중심에서 빛납니다.

・・・

경험의 내용에 가려진 것처럼 보일 때도 앎의 자기 인식은 경험 가운데 '나 자신'이라는 느낌으로 걸러집니다.

'나 자신'이라는 느낌은 모든 경험의 중심에 있으며, 그 내용에 관계없이 모든 경험에 친밀하게 스며 있습니다. 우리가 무엇을 생각하고 느끼고 지각하든, 우리 각자는 지금 '나 자신'을 경험하고 있습니다.

'나 자신'을 경험하는 것은 무엇일까요? 그것이 무엇이든 그것은 스스로 알아야 합니다. 그렇지 않으면 그것은 '나 자신'이라는 경험이나 다른 어떤 경험도 알지 못할 것입니다. '나 자신'이라는 경험을 하는 것은 바로 나, 앎입니다.

'나 자신'임을 경험하는 것은 앎이 자기를 아는 것입니다. 그것은 개인이 자신을 아는 것이 아닙니다, 개인은 스스로 알지 못하기 때문입니다. 앎만이 알며, 앎은 개인의 속성이 아닙니다.

개인은 생각, 이미지, 감정, 감각, 지각의 집합체입니다. 이들 각각은 우리 자신인 앎이 아는 경험의 대상입니다.

생각은 자신이 생각이라는 것을 알지 못합니다. 생각은 '나 자신'이라는 주관적 경험을 하지 않으므로 자신을 '나'라고 부르지 않습니다. 느낌이나 지각도 마찬가지입니다. 경험의 대상은 자신의 존재를 알 수 없습니다.

하지만 우리 각자는 의심할 여지 없이 '나는 있다(I am)'를 경험합니다. 오직 자기를 아는 그것만이 '나는 있다'를 경험합니다. 오직 앎만이 자기를 알고, 그러므로 '나 자신' 또는 '나는 있다'라는 경험을 할 수 있습니다. 오직 앎만이 자기의 존재를 압니다.

'나'는 자기를 아는 그것이 자기에게 부여하는 이름입니다. 따라서 '나'라는 이름이나 '나는 있다'를 아는 것은 오직 앎이 자기를 안다는 것을 나타낼 뿐입니다. 우리가 참된 자기를 아는 것은 앎이 자기를 아는 것입니다.

・・・

앎이 자기를 아는 것은 일차적인 인식입니다. 해가 다른 어떤 것보다 먼저 자기를 비추듯이, 앎은 다른 어떤 것을 인식하기 전에 먼저 자기를 인식합니다.

해는 자기를 비추려고 노력할 필요가 없으며, 그저 그 자체로 있음으로써 자기를 비춥니다. 스스로 비추는 것이 해의 본성입니다. 비춤은 해가 하는 행위가 아니라 해 자신인 것입니다. 마찬가지로, 앎은 노력 없이 저절로 자기를 알며, 자기를 아는 것은 앎이 때때로 하는 것이 아니라 앎의 자연 상태입니다.

앎인 우리는 단순히 참된 자기로 있음으로써 참된 자기를 압니다. 그러나 대체로 우리는 주의를 참된 자기로부터 객관적인 경험의 내용으로 돌리는 데 익숙해져 있으며, 그 과정에서 참된 자기를 간과하거나 잊어버립니다. 참된 자기를 알려면 그저 참된 자기로 돌아와야 합니다.

이처럼 경험의 모험에서 우리 존재로 돌아가는 것은 개인의 관점에서 보면 노력이 필요한 것처럼 보일 수 있지만, 사실은 우리가 알아차리지 못했던 노력을 중단하거나 이완하는 것입니다. 주의를 기울이는 긴장을 이완하는 것입니다.

・・・

내가 있다는 것을 알기 위해 마음이 어떤 특정한 상태에 있을 필요는 없습니다. 특별한 환경도 필요하지 않으며, 어떤 준비도 필요하지 않습니다. '나는 있다'를 아는 것은 복잡하거나 신비한 것이 아닙니다. 그것은 가장 평범하고 친밀하며 익숙한 경험입니다.

자신의 몸이나 마음 상태, 또는 상황에 관계없이, 누구나 자신의 직접 경험으로 "나는 내가 있다는 것을 안다"라고 말할 수 있습니다.

내가 있다는 것은 우리의 경험입니다. '내가 있다(I am)'는 경험으로 제한되기 전의 참된 자기를 아는 인식을 가리킵니다. 내가 남자인지 여자인지, 나이가 몇 살인지, 기혼인지 미혼인지, 어머니인지 아버지인지 또는 친구인지를 알기 전에, 우리가 자신에 관해 무엇이든 알기 전에, 우리는 단순히 내가 있다는 것을 압니다.

내가 무엇인지 알기 전에, 우리는 내가 있다는 것을 압니다. 우리가 자신에 관해 아는 모든 것은 '내가 있다'라는 단순한 앎에 더해집니다.

우리가 참된 자기를 분명히 알지 못한다고 느낀다면, 그것은 참된 자기를 모르기 때문이 아니라 객관적인 경험에 관심이 쏠려 참된 자기를 잊었거나 무시했기 때문입니다. 우리는 경험의 내용에 사랑과 관심을 쏟는 데 너무 익숙해져서 우리에게 가장 가깝고 친숙한 것을 간과했습니다.

이를 바로잡기 위해 우리는 먼저 아는 자와 알려지는 대상, 경험하는 자와 경험되는 대상, 목격하는 자와 목격되는 대상을 구분합니다. 나중에는 이 구분을 허물겠지만, 경험에 빠져서 지나가는 모든 생각, 느낌, 활동, 관계를 자기와 동일시하는 사람에게는 먼저 이렇게 구분할 필요가 있습니다.

우리는 변하는 모든 인식과 경험에서 아는 요소입니다. 모든 경험은 우리에게 일어나고, 우리에게 알려지거나 우리 안에 나타나지만, 우리는 어떤 특정한 경험이 아닙니다.

• • •

'나'는 모든 사람이 자신의 경험을 아는 또는 인식하는 그것을 나타낼 때 사용하는 단어입니다. 그것은 순수한 앎 또는 인식입니다.

순수한 앎은 객관적인 내용이 없는 앎입니다. 우리의 생각을 아는 것이 무엇이든 그 자체는 본래 어떤 생각도 없습니다. 우리의 감정과 감각을 아는 것이 무엇이든 그 자체는 모든 감정과 감각에 앞서 있으며, 그것으로부터 독립해 있습니다. 보이는 모습, 소리, 맛, 감촉, 냄새를 아는 것이 무엇이든 그 자체는 모든 보고 듣고 맛보고 감촉하고 냄새 맡음이 없습니다. 그래서 때로는 텅 비어 있다고 말합니다.

여기서 '비어 있다'는 것은 아무것도 없는 공백이나 진공이 아니라, 객관적인 내용이 비어 있다는 뜻입니다. 대상은 비어 있지만, 순수한 앎 또는 인식으로 가득합니다. 우리가 '나'라고 부르는 이 순수한 앎 또는 텅 빈 앎은 더는 줄일 수 없는 우리의 본질적인 자기입니다.

참된 자기는 우리에게서 제거될 수 없는 것이므로 본질적이라고 합니다. 어떤 생각, 이미지, 느낌, 지각, 활동, 관계도 끊임없이 현존하지는 않습니다. 오직 아는 경험만이 늘 우리와 함께 남아 있습니다. 사실, 그것은 마치 그것이 우리와 별개인 것처럼 우리와 '함께' 남아 있는 것이 아니며, 그것이 본질적인 우리 자신입니다.

우리의 참된 자기는 더는 줄일 수 없다고 합니다. 우리는 우리의 경험에서 앎 이상 더 거슬러 올라갈 수 없기 때문입니다. 모든 경험은 사라져서 앎 또는 인식으로 돌아가지만, 앎 자체는 결코 사라져서 어떤 것으로 돌아가지 않습니다.

앎 또는 아는 존재는 늘 현존합니다. 어떤 경험도 그것을 제한하거나 조건 짓거나 바꾸거나 움직이거나 해칠 수 없습니다. 그것은 남음도 없고 모자람도 없습니다. 그것은 나아지지도 않고 나빠지지도 않습니다. 그것은 늙거나 피곤하거나 아프거나 외로워질 수도 없습니다. 그것은 늘 똑같이 본래 그대로이며, 늙지 않고, 생각이 없고, 느낌이 없고, 성별이 없는 상태로 있습니다.

그것은 조건 지어지지 않은 마음 또는 본래 마음, 즉 경험으로 조건 지어지기 전의 마음이라고도 합니다. 그것은 순수 의식, 즉 모습이나 객관적 속성이 없는 의식입니다. 그것의 일반적인 이름은 단순히 '나'입니다.

아직은 아니더라도 시간이 지나면, 우리 존재를 아는 이 앎, 자기를 아는 앎이 가장 심오한 앎일 뿐만 아니라 가장 귀중한 앎이라는 사실이 분명해질 것입니다. 그것은 우리가 무엇보다도 갈망하는 평화와 행복의 근원이며, 모든 갈등을 해결할 수 있는 토대입니다.

5
참된 자기의 본성

모든 경험은 우리 안에서, 앎(Awareness) 안에서 일어납니다. 우리는 마치 아는 스크린과 같고, 그 위에서 경험이라는 영화가 상영되며, 그 영화는 앎을 통해 알려집니다.

영화에서 스크린이 어떤 대상으로 나타나지 않듯이, 우리는 경험의 대상이나 경험 속의 대상으로 나타나지 않습니다. 우리는 하나의 생각이나 이미지, 느낌, 감각 또는 지각으로 발견되거나 알려질 수 없습니다.

스크린이 영화와 분리되어 있지 않고 영화로 제한되지 않듯이, 우리도 경험과 분리되어 있지 않으며 경험으로 제한되거나 조건 지어지지 않습니다.

우리는 색이 없고, 한계가 없고, 조건 지어지지 않으며, 자기를 아는 스크린입니다. 이 스크린 위에서 모든 경험이 상영되고, 이 스크린을 통해 모든 경험이 알려지며, 궁극에는 이 스크린으로 모든 경험이 만들어집니다. 모든 경험은 우리의 참된 자기로 만들어지지만, 우리의 참된 자기는 특정한 경험으로 만들어지지 않습니다. 경험은 앎의 활동입니다.

이 앎은 어떤 특별한 사람들에게만 다가갈 특권이 주어지는 영적이거나 형이상학적이거나 깨달은 앎이 아닙니다. 그것은 평범하고 친밀하고 익숙한 앎이며, 우리는 이 앎으로 현재 경험을 인식합니다. 우리가 '나' 또는 '나 자신'이라고 말할 때 가리키는 것은 바로 이것입니다.

이는 우리가 충분히 오래 명상하거나 충분히 열심히 수행하면 어떻게 될 수 있는지를 설명하는 말이 아닙니다. 단지 지금 있고 늘 있던, 모든 경험과 친밀하게 하나이지만 경험의 어떤 성질도 공유하지 않는, 조건 지어지지 않은, 제한되지 않은, 무한한 앎의 현존을 (언어의 한계 안에서) 묘사하거나 상기시키려는 시도일 뿐입니다.

· · ·

우리의 현재 경험을 아는 앎은 10분 전, 열흘 전, 10년 전에 우리의 경험을 알던 앎과 다르지 않습니다. 우리의 생각, 감각, 지각은 끊임없이 변하지만, 앎 자체는 변하지 않았습니다.

어렸을 때 우리는 바다를 보며 "물이 보인다"고 말했습니다. 이제 우리는 주위를 둘러보며 "방이 보인다"고 말합니다. 물과 방은 다르지만, 그때 물을 지각했고 지금 방을 지각하는 것은 똑같은 앎입니다.

인생의 모험을 하는 동안 우리는 변하지도 늙지도 않았습니다. 우리는 언제나 똑같은 본연의 상태, 늙지 않는 상태로 있습니다.

앎에는 아무 일도 일어나지 않습니다. 스크린이 영화의 내용으로 인해 얼룩지거나 변색하지 않듯이, 앎은 어떤 경험으로 인해 변하거나 움직이거나 손상되지 않습니다. 앎은 늘 한결같이 투명하고 빛나고 드넓고 환영하는 상태로 있습니다.

영화에서 일어나는 어떤 일도 스크린에서 아무것도 더하거나 빼지 않듯이, 경험에서 일어나는 어떤 일도 우리의 본성인 순수한 앎에서 아무것도 더하거나 빼지 않습니다. 우리는 경험으로 인해 불어나거나 줄어들지 않습니다.

우리는 언제나 완벽하고 온전하고 완전하며, 본래 실현되어 있습니다. 우리는 경험의 드라마에서 아무것도 얻거나 잃지 않습니다. 드라마는 우리가 그 드라마에 빠져들거나 그 드라마와 동일시할 때만 트라우마로 변합니다.

・・・

제한되지 않은, 조건 지어지지 않은 '아는 존재'는 (경험과 섞이거나 경험으로 채색되기 전에는) 우리 각자의 마음속에서 '나' 또는 '나는 있다'라는 앎, 단순히 존재한다는 느낌, 또는 '나 자신'이라는 느낌으로 빛납니다. 경험으로 제한되기 전, 우리 참된 자기의 본성은 무엇일까요?

나는 있으며, 나는 내가 있다는 것을 압니다. 우리 자신이 있음을 아는 단순한 앎에는 나이가 있다는 경험이 없습니다. 우리에게 나이가 있다고 믿으려면, 생각을 참조해야 합니다. 생각이 없으면 나이를 경험하지 않습니다.

생각이 있을 때도, 시간에 대한 믿음은 있을 수 있지만, 시간을 실제로 경험하지는 못합니다. 지금 나타나는 현재의 경험만 있을 뿐입니다. 나이는 경험이 아니며, 언제나 관념에 불과합니다.

생각이나 기억을 참조하지 않으면, 우리는 성별이 있는지를 실제로 경험하지는 못합니다. 성별은 감각과 지각에 대한 해석일 뿐, 실제 경험이 아닙니다. 이 가운데 어느 것도 우리에게 본질적인 것이 아니며, 따라서 우리의 본질적인 자기를 규정할 수 없습니다.

성 유동성 운동[4]은 우리의 본질적인 자기 또는 존재에는 성별이 없다는 직관에서 비롯됩니다. 비록 많은 경우에는 분리된 자아가 이러한 이해를 이용하여 자신의 환상적 정체성을 다른 모습으로 지속하는 데 사용할 수는 있지만….

존재를 아는 앎만을 참고하면, 우리는 체형이나 체격, 몸무게를

---

4 gender fluidity movement. 남성, 여성 어느 쪽으로도 성 정체성을 확정하지 않고자 하는 운동.—옮긴이

경험하지 못합니다. 이것들 역시 감각과 지각에서 파생된 것입니다. 그것들은 우리의 참된 자기를 아는 어떤 앎도 우리에게 주지 않습니다.

'나는 있다'를 아는 순수한 앎에는 나이, 성별, 체형, 체격, 몸무게, 국적, 위치, 단단함, 밀도, 개인사의 경험이 없습니다. '나는 있다(I am)'는 경험의 내용과 섞이기 전에는 형태가 없으므로 거기에 이름을 붙이는 것은 타당하지 않습니다. 그런데 그것이 바로 우리의 참된 자기입니다.

∙ ∙ ∙

우리는 앎입니다. 감각과 지각은 이 앎으로 인해 알려지고, 그것 안에서 나타나며, 궁극에는 그것으로 만들어집니다.

우리가 감각과 지각에 제한되는 것처럼 보이는 것은 오직 우리의 본질적인 자기가 감각, 지각과 섞이고 생각으로 해석되도록 허용될 때뿐입니다.

경험의 증거를 가까이 살펴보면, 즉 참된 자기를 아는 앎을 가까이 살펴보면, 우리는 참된 자기 안에서 어떤 모습도 경험하지 못합니다. 우리는 그저 모습 없는 앎일 뿐입니다. 그렇게 말하는 것조차 너무 많이 말하는 것이지만, 이것에 관해 조금이라도 말하려면 언어에 대해 어느 정도 양보해야 합니다.

앎이 경험의 객관적 내용으로부터 주의를 이완하면 경험의 배경에 가려져 있던, 자기를 아는 앎이 드러납니다.

앎은 모습이 없으므로 한계가 없습니다. 방의 공간이 방을 가득 채우지만 방에 제한되지 않듯이, 앎은 몸에 가득하지만 몸에 한정되지 않습니다.

방의 공간이 네 개의 벽에 의해 만들어지지 않고 벽들의 운명을 공유하지 않듯이, 앎도 신체에 의해 만들어지지 않고 신체의 운명을 공유하지도 않습니다. 앎은 자기의 경험에서 태어남이나 죽음을 알지 못합니다.

· · ·

어떤 경험도 앎에 흔적을 남기지 않으며, 어떤 것도 앎을 해치거나 바꾸거나 파괴할 수 없습니다. 그러므로 앎은 두려움이 없습니다. 방의 공간이 방에서 일어나는 어떤 일에도 흔들리지 않듯이, 앎도 경험에서 일어나는 어떤 일에도 방해받지 않습니다. 그래서 우리의 본성은 평화입니다.

방 안에서 일어나는 어떤 일이 공간에 아무것도 더하지 않듯이, 경험에서 일어나는 어떤 일도 우리의 참된 자기에 아무것도 더하지 않습니다. 우리는 본래 그리고 조건 없이 충족되어 있습니다. 그래서 우리는 행복을 경험할 때 우리의 참된 본성을 맛보거나 압니다. 자기가 본래 있는 그대로의 자기를 압니다.

베다 전통에서는 이러한 이해를 '삿 칫 아난다'라는 간단한 문구로 표현합니다. 삿(sat)은 존재를, 칫(chit)는 앎 또는 의식을, 아난다(ananda)는 평화 또는 행복을 뜻합니다. 따라서 삿 칫 아난다란 "당신의 존재를 아는 것이 행복 자체다", 또는 더 간단히 말하면 "당신이 행복 자체다"라는 뜻입니다.

행복의 경험은 경험 가운데 빛나는 우리의 존재입니다. 누구나 정말로 찾으려 하는 것은 그것이 전부입니다. 우리는 그저 우리 자신의 존재를 찾고 있을 뿐입니다. 우리의 존재는 자기 자신으로 돌아오려 하고, 자기를 다시 알고 맛보려 하고, 자기를 알아보려 하고 있습니다.

평화와 행복은 이따금 우리에게 일어나는 경험, 또는 불안이나 괴로움과 번갈아 나타나는 경험이 아닙니다. 평화와 행복은 경험의 내용에 가려질 수는 있지만, 한순간도 사라진 적이 없습니다.

평화와 행복은 우리 참된 자기의 성질인 것도 아닙니다. 평화와 행복이 바로 우리 자신입니다. 평화와 행복을 경험할 때마다 우리는 우리의 존재가 빛나는 것을 경험합니다.

6
무한하고 영원하며 늘 현존한다

어떻게 하면 늘 현존하는, 조건 지어지지 않은, 한계 없는 본성에 관한 이해를 실제 느끼는 경험으로 바꿀 수 있을까요?

방의 물리적 공간을 상상하고, 거기에 앎의 성질을 더해 보세요. 이제 그 공간은 아는 물리적 공간, 인식하는 공간입니다. 이제 이 아는 물리적 공간이 자기의 경험을 살펴본다고 상상해 보세요.

그 아는 공간이 방 안의 사물에 주의를 기울이면, 사물이 나타났다가 사라진다는 것을 늘 발견할 것입니다. 심지어 자기를 담고 있는 것처럼 보이는 네 개의 벽도 자기의 경험 속에서 나타나고 사라질 것입니다. 그러나 아는 물리적 공간은 자기가 나타나거나 사라지는 것은 경험하지 못합니다. 그 공간이 경험하는 자기는 늘 현존하며 한계가 없을 것입니다.

이제 이 공간과 앎의 복합체에서 공간 같은 성질을 제거하면, 남은 것은 차원이 없는 앎이 전부입니다. 그것이 바로 우리의 참된 자기입니다.

우리 자신인 앎은 (몸과 세계에 관한 우리의 인식을 이루는) 감각과 지각이 나타나고 사라지는 것은 경험하지만, 우리의 참된 자기가 나타나거나 사라지는 것은 경험하지 못합니다.

우리는 몸이 나타날 때 자기도 함께 태어나는 것을 알지 못하고, 몸의 경험을 이루는 감각과 지각이 사라질 때 자기의 존재가 없어지는 것도 알지 못합니다.

우리는 우리가 몸 이전에 존재했다거나 몸이 죽은 뒤에도 계속 존재할 것이라고 말할 수도 없습니다. 몸 이전에는 '이전'이 없고 몸이 죽은 이후에는 '이후'가 없습니다. 심지어 몸이 존재하는 동안에도 앎이 지속되는 시간은 존재하지 않습니다.

우리는 시간 속의 영원한 존재가 아닙니다. 우리는 지금 늘 현존합니다. 우리는 영원합니다. 예수가 "아브라함이 태어나기 전부터 내가 있다'[5]라고 한 말은 이를 가리킨 것입니다.

・・・

우리의 아는 물리적 공간으로 돌아와서, 이 아는 공간이 자기의 세 가지 샘플을 뽑아 본다고 상상해 보세요. 첫째는 현재 건물이 들어서기 전인 500년 전의 자기이고, 둘째는 현재의 자기, 그리고 셋째는 건물이 철거된 후인 500년 뒤의 자기입니다.

이제 아는 공간이 자기의 세 가지 샘플을 비교해 보면, 세 가지가 모두 똑같다는 것을 알게 될 것입니다. 실험이 진행된 천 년 동안 일어난 어떤 일도 이 공간에 아무 영향을 미치지 못했을 것입니다. 아는 공간은 낡지도, 오염되지도, 변색되지도 않았을 것입니다. 늘 똑같은 본래의 깨끗한 상태로 남아 있을 것입니다.

이제 우리의 참된 자기 경험으로 돌아와 봅시다. 만약 우리 삶의 여러 단계에서 우리의 생각, 감정, 감각, 지각을 샘플로 뽑아 비교해 보면, 서로 다 다를 것입니다. 그러나 만약 다양한 연령대에서 경험으로 인해 어떤 성질들을 띠기 전의 참된 자기를, 우리의

---

5 요한복음 8장 58절.

벌거벗은 존재를 샘플로 뽑아 비교해 보면, 우리의 참된 자기는 늘 똑같은 본래의 깨끗한 상태로 있다는 것을 발견할 것입니다.

우리의 참된 자기는 자기 안에서 어떤 변화도 경험하지 않습니다. 경험에서 얻는 성질을 제외하면, 참된 자기는 단순히 현존하고 알며, 모든 형태의 경험으로 자신을 채색하지만 자기 아닌 다른 것이 되지 않습니다.

우리의 참된 자기에게는 아무 일도 일어나지 않습니다!

• • •

아는 물리적 공간이 방 안의 사물들을 스스로 둘러본다고 상상해 보세요. 이 공간이 보는 모든 것은 저마다 한계가 있을 것입니다. 그러나 만약 아는 공간이 더는 방 안의 사물에 주의를 기울이지 않고 자기의 앎이 자기 자신에게로 돌아오게 한다면, 아는 공간은 어떤 한계도 발견하지 못할 것입니다.

아는 공간은 방 안의 모든 사물에서 테두리를 발견하지만, 자기에게서는 테두리를 발견하지 못합니다. 그것은 자기가 열려 있고 비어 있으며 드넓다는 것을 발견할 것입니다.

마찬가지로, 우리가 객관적으로 알고 있는 모든 것에는 시간이나 공간의 한계가 있지만, 우리의 참된 자기에는 한계가 없습니다. 시간과 공간조차도 경험의 대상입니다. 앎 안에서 나타나고 사라지기 때문입니다.

사실, 시간과 공간은 실제로 경험된 적이 없습니다. 생각이 없으면 시간의 경험도 없고, 지각이 없으면 공간의 경험도 없습니다.

심지어 생각과 지각이 있을 때도 시간과 공간을 실제로 경험하지는 못합니다. 시간은 생각에서 추론되고, 공간은 지각에서 추론됩니다.

이는 우리가 매일 밤 깊은 잠에 빠질 때 확인됩니다. 생각과 지각이 없는 상태에서는 시간이나 공간의 경험이 없습니다. 그것들은 영원하고 무한한 앎의 본성이 생각과 지각이라는 프리즘을 통과할 때 나타나는 방식입니다.

우리의 참된 자기 경험에서 우리 즉 앎은 한계가 없으며 무한합니다. 우리는 노력이나 수행, 훈련을 통해 한계가 없어지거나 무한해지는 것이 아닙니다. 우리는 그저 참된 자기가 본래 그렇다는 것을 알아볼 뿐입니다.

이러한 알아봄은 비범하고 신비한 체험이 아닙니다. 단순히 우리의 참된 자기 또는 존재의 본성을 지금 있는 그대로 알아보는 것일 뿐입니다.

• • •

전통 영적 문학에서는 때로 우리의 참된 자기, 앎의 현존이 경험을 '초월'한다고 말합니다. 이는 사실이지만, 우리의 참된 자기가 경험의 '너머에' 있어서 신비하고 도달할 수 없으며 알 수 없다는 것을 암시하는, 다소 오해의 소지가 있는 표현입니다.

우리의 참된 자기가 자기를 경험의 대상으로 알 수 없다는 것은 사실입니다. 그렇지만 동시에, 해가 자기를 늘 비추듯이 참된 자기도 자기를 늘 압니다.

우리의 참된 자기는 경험 너머에 있다는 뜻으로 경험을 초월하는 것이 아닙니다. 참된 자기는 경험 '이전에' 있습니다. 앎은 모든 경험의 '배후에' 있으며 모든 경험의 '한가운데에' 현존합니다.

존 스미스는 리어왕의 너머에, 리어왕과 무한히 멀리 떨어져 있지 않습니다. 그는 리어왕의 본질입니다. 리어왕에게 존 스미스보다 더 친밀하고 익숙하며 잘 알려진 인물은 없습니다. 리어왕의 가장 내밀한 생각과 감정조차 존 스미스의 현존이 주는 친밀함에 비하면 그에게는 낯선 사람과 같습니다.

우리의 참된 자기를 '무한'하고 '영원'하다고 표현하면, 우리가 '나 자신'으로 알고 있는 아주 평범하고 친밀하며 익숙한 자신과는 아주 멀리 떨어져 있다는 말처럼 들릴 수 있습니다. 이보다 더 오해의 소지가 있는 표현은 없을 것입니다.

우리의 본질적인 자기와 관련하여 사용될 때 '무한하다'는 것은 단순히, 방의 공간이 그 안에 있는 사물들의 한계를 공유하지 않고, 존 스미스가 리어왕의 생각과 감정의 한계를 공유하지 않듯이, 우리의 참된 자기가 경험의 한계들을 공유하지 않는다는 뜻입니다.

마찬가지로, '영원하다'는 것은 우리의 참된 자기가 우리가 경험하지 못한 어떤 신비한 차원에 있다는 뜻이 아닙니다. 모든 생각, 이미지, 느낌, 감각, 지각이 끊임없이 나타나고 사라지지만, 우리의 본질적인 자기 또는 존재는 늘 현존한다는 뜻일 뿐입니다.

우리의 본질적인 자기는 모든 일시적이고 변하는 경험 안에 늘 현존하는 요소입니다. 그것은 시간의 수평적 차원에 존재하지 않습니다. 그것은 존재의 수직적 차원입니다.

• • •

우리의 본질적인 자기는 생각, 감정, 감각, 지각의 성질이나 한계를 공유하지 않으며, 그러므로 비개인적인 존재입니다. 그러나 동시에 지극히 친밀합니다.

참된 자기는 몸에 가득 퍼져 있지만, 몸 안에 위치하거나 몸에 한정되지 않습니다. 공간을 담고 있는 것처럼 보이는 건물의 한계나 운명을 공간이 공유하지 않듯이, 참된 자기는 몸의 한계나 운명을 공유하지 않습니다. 참된 자기는 친밀하고 비개인적이며 무한합니다.

이 친밀하고 비개인적이며 무한한 자기 즉 '나'는 존재하는 유일한 '나'입니다. 종교 언어로는 이를 신(神)의 현존이라고 합니다. 신의 현존은 개별 자아 '안에서' 빛나지 않습니다. 왜냐하면 그 안에서 빛날 하나의 분리된 개별 자아가 존재하지 않기 때문입니다. 존 스미스는 리어왕 '안에서' 살지 않습니다. 리어왕은 단지 존 스미스의 외견상 한계일 뿐입니다.

비개인적이고 보편적인 본질을 가진 개별 자아는 존재하지 않습니다. 더 높거나 낮은, 깨닫거나 깨닫지 못한 자아는 존재하지 않습니다. 단지 친밀하고 비개인적이며 무한한 자기가 있을 뿐이며, 이 자기는 경험의 성질과 일시적으로 섞인 까닭에 일시적이고 유한해진 것처럼 보일 뿐, 실제로는 언제나 자기 자신입니다.

모든 자아의 참된 자기는 신의 무한하고 자기를 아는 존재이며, 존재하는 유일한 자기입니다. 우리가 참된 자기라고 아는 존재는 신의 존재입니다. (사실은 신의 존재도 아닙니다. 존재는 신이라고 불리는 어떤 독립체의 속성이 아니기 때문입니다.) 무한한 존재는 누구 또는 무엇의 속성이 아닙니다.

오직 친밀하고 비개인적이고 무한하며 자기를 아는 존재만 있을 뿐입니다. 그것은 종교 전통에서는 신(神), 영성계에서는 앎 또는 의식으로 불리며, 일상 언어에서는 '나'라고 불립니다.

행복, 깨달음 또는 신을 찾아 떠나는 사람은 마치 존 스미스를 찾아 세계를 여행하는 리어왕과 같습니다. 그들은 자신의 존재를 찾고 있습니다. 행복의 경험, 존재의 빛, 또는 신의 현존은 우리 각자 안에서 '나는 있다'라는 앎, '나 자신'이라는 느낌, 또는 단순히 존재한다는 느낌으로 빛납니다.

자신의 존재로 향하는 사람은 대개는 서서히, 때로는 갑자기, 그동안 얻은 자신의 모든 한계를 벗어 버리고, 조만간 무한하고 비개인적이며 자기를 아는 존재로 드러날 것입니다. 이것이 기도 또는 명상의 본질입니다.

・・・

'나'라는 이름 또는 '나는 있다'라는 앎은 변하지 않고 변할 수 없는 경험의 요소를 가리킵니다. 그것은 모든 경험에 저항 없이 열려 있으면서도 해를 입을 수 없습니다. 그것은 아무리 유쾌하거나 불쾌한 경험이라도 어떤 특정한 경험으로 인해 나아지거나 나빠지지 않습니다.

우리 존재는 늘 똑같은 본래 상태입니다. 그것은 정화되거나 완성될 필요가 없습니다. 그것은 나타나거나 사라지지 않으며, 움직이거나 변하지 않습니다. 늙거나 아프거나 피곤해지지 않습니다. 모든 경험은 그것에 더해지고 덜어지지만, 그 기본 본성은 전혀 변하지 않습니다. 존재는 사라지거나 죽지 않습니다.

존재는 나뉠 수 없으며, 대상들과 자신으로 나뉠 수 없습니다. 모든 것과 모든 사람은 겉보기에 독립적인 실존을 존재로부터 빌릴 뿐, 스스로 어떤 사물이나 독립체가 실제로 되는 일은 전혀 없습니다.

이 비개인적이고 무한하고 파괴될 수 없고 나뉠 수 없으며 자기를 아는 존재는 '나 자신'이라는 느낌으로 우리 몸을 채우고, '나는 있다(I am)'라는 앎으로 마음에서 빛납니다. 그것은 모든 것의 있음으로서 세상에서 빛납니다.

모든 존재 안의 존재는 똑같은 존재입니다. 우리는 존재를 공유합니다. 지각은 비개인적이고 무한하며 나뉠 수 없는 존재를 겉보기에 수없이 많고 다양한 대상과 자아로 굴절시키고[6], 생각은 그것들에 이름을 붙입니다.

사랑은 우리가 공유하는 존재를 경험하는 것입니다. 다른 사람을 사랑할 때 우리는 서로 간의 분리가 어느 정도 해소되는 것을 느낍니다.

사랑은 관계가 아닙니다. 사랑은 주체-객체 관계가 특징인 시간의 수평적 차원에 현실이 수직적으로 개입하는 것입니다. 사랑은 이 주체-객체 관계의 소멸입니다. 사랑은 겉보기에 분리된 자아 또는 개인의 종말입니다. 사랑은 영원의 맛입니다.

사랑하거나 사랑받기를 갈망할 때, 우리는 그 사람이나 관계를 갈망하는 것이 아니라, 분리되고 덧없고 제한되고 한정되어 있다고 느끼게 하는 모든 것에서 벗어나기를 갈망합니다. 우리는 참된 본성인 자유를 갈망합니다. 우리의 본래 존재, 무한한 존재로 돌아가기를 갈망합니다.

우리는 무엇보다도 사랑을 갈망합니다. 왜냐하면 영원의 기억

---

[6] 프리즘이 빛을 다양하게 굴절시켜 수많은 색깔로 보이게 하듯이.—옮긴이

이, 경험에 얼마나 가려져 있든 상관없이, 우리 각자의 마음속에서 빛나기 때문입니다. 사실, 우리의 갈망은 이렇게 가리는 베일의 틈 사이로 스며드는 사랑 그 자체입니다.

우리는 모두, 알아차리든 알아차리지 못하든, 본래의 본성으로 돌아가기를 갈망합니다. 필요한 것은 '나'라는 생각이나 '나 자신'이라는 느낌이 우리를 안으로 이끌도록 허용하는 것입니다. 마치 자기가 자기에게 "내게로 돌아서라. 그러면 내가 너를 내 안으로 데려가겠다"라고 끊임없이 말하듯이.

7
보이지 않다가 드러난다

'나 자신'이라는 느낌은 우리가 경험의 모험을 마치고 집으로 돌아올 때 통과할 수 있는 마음속 입구입니다.

구름 낀 하늘 아래 풍경을 담은 수채화를 보고 있는데, 멀리 있는 구름 중 햇빛을 받아 유난히 밝은 구름이 눈에 들어온다고 상상해 보세요.

그림을 자세히 살펴보면, 이곳은 화가가 수채 물감을 칠하지 않은 유일한 부분이라는 것을 알게 됩니다. 멀리서 보면 이 흰색 부분은 그림 속 물체, 구름 한 점, 여러 물체 중 하나로 보이지만, 가까이서 보면 물감은 없고 흰 종이만 있는 것을 볼 수 있습니다.

'나 자신'이라는 느낌, 또는 '나는 있다(I am)'라는 앎은 경험이라는 그림 속 작은 흰 종이 부분입니다.

그것은 경험 속 하나의 대상(많은 대상 가운데 하나)으로 보입니다. 하지만 가까이 다가가서 보면, 그것이 모든 경험의 늘 현존하는 배경인 우리의 본질적인 존재 또는 자기로 들어가는 입구라는 것을 알게 됩니다.

종이가 하늘의 작은 부분에만 있는 것이 아니라 그림 전체에 현존하듯이, 우리의 존재도 '나는 있다'라는 앎뿐만 아니라 모든 경험의 배경으로 현존합니다. 이런 이유로 우리는 "나는 생각한다", "나는 걷는다", "나는 숨을 쉰다", "나는 먹는다"라고 말합니다. 우리의 존재는 모든 경험에 가득 퍼져 있습니다.

그러나 종이를 덮고 있는 수채화가 없을 때 종이가 가장 잘 보이듯이, 우리의 본질적인 존재는 처음에는 '나 자신'이라는 단순한 느낌이나 '나는 있다'라는 앎을 통해 가장 쉽게 다가갈 수 있습니다.

그림의 내용에 관심이 쏠리면 나무, 들판, 동물, 하늘만 보이겠지만, 주의를 이완하면 곧 종이가 보입니다. 사실, 우리는 늘 종이를 보고 있지만, 그것을 알아차리지 못합니다. 그림의 내용에만 관심이 쏠려 있기 때문입니다.

마찬가지로, 경험의 내용에 몰두할 때 우리는 우리 존재와의 접촉을 잃어버려, 타고난 평화와 기쁨을 빼앗기는 것처럼 보입니다. 우리의 존재는 경험에 너무 깊이 빠져들어 자기 자신을 간과하거나 잊어버립니다.

우리의 존재는 더는 있는 그대로—열려 있고 무한하고 늘 현존하며, 본래 평화롭고 조건 없이 충족되어 있는—환히 빛나지 않으며, 우리의 생각, 감정, 감각, 지각으로 채색되고 제한되어 있는 것처럼 보입니다. '나는 있다(I am)'라는 앎은 "나는 피곤하다(I am tired)", "나는 외롭다", "나는 슬프다" 등이 됩니다.

경험이 존재를 가립니다. 필요한 것은 존재가 경험보다 환히 빛나도록 허용하는 것뿐입니다.

• • •

좋은 수채화에서는 물감이 종이를 완전히 덮지 않습니다. 얇은 물감층으로 일부를 덮고, 흰 종이가 가장 어두운 톤에서도 빛나게 하여 그림에 광채를 부여합니다.

마찬가지로, 어떤 경험도 우리의 본질적인 자기를 완전히 가리지는 못합니다. 우리의 경험은 참된 자기 위에 수채화 물감처럼 얹혀 있으며, 그 결과 참된 자기는 일부 가려질 수 있지만 완전히 가려지지는 않습니다.

이것이 바로 가장 어두운 경험을 할 때도 '나 자신'이라는 느낌이 여전히 현존하는 이유입니다. 예를 들어, '나는 우울하다'라고 느낄 때도 '나'는 여전히 그곳에서 빛나고 있습니다. 알베르 카뮈가 "깊은 겨울에 나는 마침내 내 안에 무적의 여름이 있다는 것을 알게 되었다"[7]라고 말했듯이.

흰 종이가 그림의 수많은 다양한 붓질에 일관성을 부여하듯이, 우리의 존재는 경험의 이질적인 요소들을 하나로 합칩니다. 모든 경험에 퍼져 있는 존재의 하나임이 없었다면, 경험 자체는 조각조각 나뉜 생각, 감정, 감각, 지각의 혼돈일 것입니다.

---

7 에세이 〈여름(Summer)〉에서 발췌.

존재의 하나임은 모든 사람의 마음속에서 '나 자신'이라는 느낌 또는 "나는 있다'라는 앎으로 빛나며, 이는 경험 속에서 길을 잃은 사람에게 우리의 본질적인 존재와 그 본연의 평화로 돌아가는 길을 알려 주는 입구와 같습니다.

・・・

'나 자신'이라는 경험 또는 '나는 있다'라는 앎을 알아차리세요.

'나 자신'이라는 느낌 또는 '나는 있다'라는 앎은 마음속의 경험인 것 같지만, 사실은 객관적인 경험의 콜라주[8] 속 '부재(不在)'입니다. 그것은 우리의 본질적이고 무한한 존재로 들어가는 입구입니다. 마치 종이의 구멍이 '종이 안에' 있는 것처럼 보이지만, 실제로는 종이 자체가 담겨 있는 광대한 공간으로 통하는 입구이듯이,

'나 자신'이라는 느낌 또는 '나는 있다'라는 앎은 마음 '이전'이며 마음의 '배후'에 있는 순수한 앎의 실재에 직접 다가갈 수 있게 해 줍니다. 그것은 신의 현존의 문턱입니다.

---

8 화면에 여러 가지 재료와 이미지 등을 조합하여 구성한 작품.—옮긴이

'나 자신'이라는 느낌 또는 '나는 있다'라는 앎을 알아차리게 된다는 것은 우리가 아직은 참된 자기를 알고 있지 않지만 그렇게 될 수도 있다는 것을 암시합니다. 그러나 해가 언제나 자기를 비추듯이 우리는 늘 참된 자기를 압니다. 이러한 이유로 모든 사람에게는 '나 자신'이라는 느낌이 있지만, 이러한 앎은 자주 객관적인 경험으로 인해 희석됩니다.

'나 자신'이라는 느낌이나 '나는 있다'라는 앎이 우리를 경험의 모험으로부터 참된 자기로 데려오도록, 우리 자신이 허용한다는 말이 더 정확할 것입니다.

참된 자기에서 참된 자기로 가는 '길 없는 길'은 명상의 본질이며 기도의 핵심입니다. 플로티누스가 '혼자로 가는 혼자의 여행'[9]이라고 말한 것이 바로 이것입니다.

・・・

명상에는 두 가지 유형이 있다고 말할 수 있습니다. 하나는 주의를 경험의 내용으로부터 거두어들이는 명상이고, 다른 하나는

---
9 엔네아데스, 6.9.11.

주의를 경험의 내용으로 돌리는 명상입니다.

첫째 명상은 우리의 참된 자기와 경험의 대상을 구별하는 내향적인(내면을 향한) 길입니다. 이것은 부정, 배제, 제거의 길입니다. "나는 이것도 아니고, 이것도 아니다." 신학 용어로는 '부정의 길(Via Negativa)'이라 하고, 선(禪) 전통에서는 '큰 죽음'이라고 합니다.

둘째 명상은 열림, 포함, 허용의 외향적인(외부를 향한) 길입니다. "나는 이것이다, 나는 이것이다." 이것은 우리의 참된 자기와 다른 사람, 사물 사이의 외견상 분리가 해소되는 길입니다. 조건 없는 사랑의 길입니다. 이것은 '긍정의 길(Via Positiva)'이며, 선 전통에서는 '큰 재탄생'이라고 합니다.

일반적으로는 내면을 향한 길을 먼저 시작할 필요가 있습니다. 왜냐하면 우리 대다수는 경험의 내용에 너무 빠져서 우리의 존재를 거의 완전히 간과하거나 잊어버렸기 때문입니다.

괴로움은 우리가 이렇게 잊어버렸기에 치르는 대가입니다. 괴로움은 우리의 자기가 자기에게 이렇게 말하는 것입니다. "뒤돌아봐! 나에게 돌아와. 네가 찾고 있는 것은 나인데, 너는 잘못된 방향에서 나를 찾고 있어."

이렇게 우리의 본질적인 자기를 경험에서 분리하는 것은 내면을 향한 길이며, 이 길에서 우리 존재는 대개는 서서히, 때로는 갑자기, 경험에서 얻은 성질들을 벗어 버리고 고요하고 평화로운 침묵으로 드러납니다.

이 길은 우리 존재의 본래 평화롭고 조건 없이 충족된 본성을 알아보는 수단입니다. 그것은 괴로움의 치료법이며, 평화와 행복으로 가는 직접적인 길입니다.

외향적인(외부를 향한) 길은 우리의 존재를 모든 사람, 모든 것이 공유한다는 것을 알아차리는 수단입니다. 그것은 갈등을 치유하고, 인류에게 친절함과 조화, 정의를 회복하는 수단입니다.

・・・

경험 자체는 본질적으로 문제가 되지 않습니다. 상황이 문제가 되는 것은 오직 우리가 자기를 독립적으로 존재하는 별개의 실체나 자아로 추상화할 때뿐입니다. 그러면 열림이 저항으로 바뀝니다.

우리 자신이 생각, 감정, 활동, 관계로 규정되도록 허용할 때, 우리는 참된 본성과의 접촉을 잃어버리고, 대신 일시적이고 유한한 자아 또는 에고, 분리된 개인이 되는 것처럼 보입니다. 우리의 괴로움은 이러한 믿음에서 시작됩니다.

물건, 물질, 마음 상태, 활동, 관계를 얻어서 괴로움을 없애려고 평생 노력해 본 뒤, 마침내 우리는 자신을 분리된 개인이라고 믿는 믿음이 그런 괴로움의 유일한 원인이라는 사실을 깨닫게 됩니다.

탕자[10]가 결국 가던 방향을 바꾸어 아버지를 마주하게 되었듯이, 우리도 자신이라고 믿던 개인에 의문을 품고 질문을 던지기 시작합니다. "나는 정말 누구인가? 내가 '나'라고 말할 때 그것은 무엇을 뜻하는가?" 삶의 드라마에만 관심을 쏟는 대신, 우리는 자신이 누구인지에 깊은 관심을 두게 됩니다.

이 질문이 해결될 때까지 우리의 괴로움은 끝나지 않을 것임이 분명해집니다. 어느 순간 '나'의 본성에 기울이는 관심이 다른 모

---

10 신약성서에 나오는 이른바 '돌아온 탕자의 비유'(누가복음 15:11~24)에서 인용함.—옮긴이

든 관심사를 덮어 버립니다. 그것은 마치 진실, 현실과 사랑에 빠지는 것과 같습니다.

우리의 자기가 경험에서 얻은 것처럼 보이는 한계들을 벗어 버릴 때, 우리의 본질적이고 더는 줄일 수 없는 본성이 드러납니다. 경험은 더이상 우리의 존재를 가리지 않으며, 우리의 존재는 경험보다 환히 빛납니다.

리어왕의 드라마가 진행되는 동안 존 스미스에게는 아무 일도 일어나지 않는 것처럼, 우리의 본질적인 존재에는 아무 일도 일어나지 않습니다. 그 존재는 이전에 무지해진 적이 없고, 지금 깨닫는 것도 아닙니다.

어떤 사람이 깨닫는다고 말하는 것은 아침에 해가 뜬다고 말하는 것과 같습니다.[11] 해는 늘 똑같은 자리에 있고 똑같이 환히 빛납니다. 마찬가지로, 우리의 본질적인 존재는 어떤 변화나 진화도 겪지 않습니다. 그것은 늘 똑같은 광채로 빛납니다. 단지 보이지 않다가 드러날 뿐입니다.

---

11 해가 실제로 뜨고 지는 것은 아니듯이 어떤 개인이 실제로 깨닫는 것은 아니라는 뜻.—옮긴이

⋯

존 스미스가 남편, 아버지, 왕의 역할을 경험하기 위해 리어왕이라는 등장인물을 기꺼이 받아들이듯이, 우리도 경험의 드라마에 참여하기 위해 생각하고 느끼고 감각하고 지각하는 활동을 기꺼이 받아들입니다. 하지만 존 스미스가 실제로 리어왕이 되지는 않듯이 우리도 한 명의 분리된 자아나 개인이 되지는 않습니다.

많은 경험을 하는 동안 우리는 참된 자기를 잃고 본연의 평화와 행복을 간과하면서, 그것들을 찾아 세상으로 떠납니다. 우리가 정말로 갈망하는 모든 것은 경험에서 얻은 한계들을 벗어 버리고 참된 본성으로 돌아가는 것임을 깨닫지 못한 채.

우리가 지식, 사물, 활동, 관계 등 삶에서 무엇을 얻어도 우리의 본성에는 아무것도 더해지지 않으며, 우리가 무엇을 잃어도 본성에서는 아무것도 줄어들지 않습니다. 우리 자신의 본성을 탐구하기 위해 돌아설 때, 비로소 우리는 우리 안에 본래 있는 평화로 돌아가는 길을 발견합니다.

우리의 참된 본성을 처음 엿본 뒤에는 거의 모든 경우에 이전의 생각하고 느끼는 습관이 다시 나타나서 본성을 가릴 것입니다. 그러니 시간이 지나면서 우리가 우리 존재에 자리 잡기 시작할 때까지 몇 번이고 다시 돌아와야 할 것입니다. 그러다 보면 우리는 이제 때때로 그곳을 방문하는 것이 아니라 그곳에 살고 있습니다.

존 스미스가 마침내 리어왕의 역할에 빠져 자기를 잃지 않고 연기하는 법을 배우듯이, 우리는 참된 본성과 그 안에 본래 있는 기쁨이 경험에 가리지 않게 하면서 경험에 온전히 참여할 수 있습니다.

노자의 말을 바꿔 말해 보자면, "그러므로 자기의 본성을 아는 사람은 아무리 멀리 여행하고 어떤 일을 하더라도 그 본연의 평화를 잃지 않습니다."[12]

---

12 도덕경 26장.

8
존재의 기쁨

우리의 본질적인 본성을 알아보고 그 본연의 평화와 행복에 다가가는 데는 특별하거나 복잡하거나 어려운 것이 없습니다.

우리의 생각, 감정, 지각이 조밀하고 무거우면, 그로 인해 존재의 빛이 흐려진 것처럼 보일 것입니다. 우리의 참된 자기는 경험으로 인해 '어두워진' 것 같을 것입니다. 깨달음이란 구름이 사라져서 늘 현존하는 하늘이 드러나듯이 존재를 가리는 생각과 감정의 층이 얇아지는 것을 말합니다.

'깨달음', '깨어남', '해탈'과 같은 용어는 연상되는 것들과 오해로 가득해서 그것이 가리키는 진실이 간과될 때가 많습니다. 이러한 용어들은 우리 자신의 존재를 알아보는 단순한 일에 비범하거나 이국적인 풍미를 부여하는 경향이 있고, 그것이 몇몇 특별한 사람에게 저절로 또는 고된 훈련과 수행의 결과로 일어나는 놀라운 사건이라는 인상을 줍니다.

우리 자신의 존재는 비범하거나 이국적인 것이 전혀 아니며, 오히려 가장 평범하고 친밀하며 익숙한 경험입니다. 이에 비하면 차의 맛, 슬픈 감정, 내일 일에 관한 생각이 오히려 이국적(이질적)입니다.

평범하지 않은 것은, 많은 사람이 평화와 행복을 찾아서 (몸으로 떠나지 않았다면 지적으로라도) 여행한 문화들[13]입니다. 사람들은 그런 문화들의 특이한 전통과 관습을, 단순히 자기 존재를 알아봄과 혼동하여 특별한 수행이나 환경, 관계가 필요하다고 상상합니다.

이 모든 것은, 아무리 훌륭하더라도, 우리 존재를 아는 단순한 앎에 집중하지 못하도록 주의를 분산시키는 요소들이며, 우리는 조만간 이 요소들로부터 돌아와야 합니다. 이러한 문화들은 우리가 갈망하는 평화와 행복을 일상 경험의 연장선에서는 찾을 수 없다는 우리의 직관에 호소하면서, 초월적이거나 신비한 것을 약속

---

13 예를 들어, 인도의 영적 문화.―옮긴이

할 수 있습니다.

그렇지만 우리의 생각과 감정, 그리고 활동과 관계에서 표현되는 생각과 감정의 밑에서는 우리는 모두 똑같습니다. 만약 우리가 역사상 다른 시대, 다른 문화권의 사람들로부터 (자기를 아는 그들의 앎이 특정한 경험들로 인해 제한되기 전에) '나 자신'이라는 느낌의 샘플들을 취할 수 있다면, 그 모든 샘플은 똑같을 것입니다. 존재는 전혀 변하지 않습니다.

우리가 무엇보다도 갈망하는 평화와 행복은 오직 우리 자신의 존재 안에서만 발견될 수 있다는 것을 조만간 우리는 확실하고 분명하게 알게 되며, 그래서 경험의 모험을 마치고 자기 자신으로 돌아옵니다.

· · ·

전통적으로 깨달음이라고 불리는 것은 우리 자신의 진화나 발전이 아닙니다. 그것은 단순히 (경험의 내용에 관계없이) 모든 경험의 중심에 있는 참된 자기가 드러나는 것입니다. 우리는 늘 그리고 이미 참된 자기이지만, 그동안 경험의 소란으로 인해 그것을 간과했습니다.

'드러남(revelation)'이라는 단어는 고스란히 '드러나다'라는 뜻의 라틴어 revelare에서 유래했습니다. 깨달음이란 단순히 우리의 본질적인 존재가 고스란히 드러나는 것입니다. 깨달음은 우리가 충분히 오래 명상하거나 충분히 열심히 수행하면, 또는 어떤 스승이나 전통을 따르는 대신에 다른 스승이나 전통을 따르면 우리 존재가 될 수 있는 그런 것이 아닙니다.

우리의 참된 본성이 본래 평화롭고 조건 없이 충족된 앎임을 알아보는 것은 개인이 성취하는 것이 아닙니다. 오직 앎이 알아봅니다.

존 스미스가 자신의 활동으로 진짜 자기를 가리고 리어왕이 된 것처럼 보이다가 다시 자기를 드러내듯이, 경험 속에서 자신을 잃어버린 채 일시적이고 유한한 자아나 사람이 된 것처럼 보이다가 다시 참된 자기에게로 돌아가거나 참된 자기를 알아보는 것은 바로 앎입니다.

깨달은 사람이라는 것은 없습니다. 철저히 분석해 보면, 애초에 깨닫거나 깨닫지 않을 (독립적으로 존재하는) 개인이 없습니다. 붓다도, 라마나 마하리쉬도, 마이스터 에크하르트도 깨닫지 않았습니다.

오직 참된 자기의 빛, 우리 존재의 빛만이 존재하며, 그것은 자체의 생각과 지각 활동으로 자기를 가렸다가 드러내고 자기에게로 돌아가는 것처럼 보입니다.

우리의 참된 본성 안에 자리 잡는다는 것은 경험이 그 실재를 가릴 능력을 상실했다는 것을 나타냅니다. 우리가 우리의 존재 속으로 점점 더 깊이 가라앉으면, 한때 우리의 참된 본성을 가리는 것처럼 보였던 경험의 층들이 점점 더 투명해지고, 시간이 지나면서 존재의 빛으로 빛나게 됩니다.

・・・

우리의 참된 자기는 조건 지어지지 않고 제한되지 않은 존재입니다. 참된 자기는 그런 존재임을 아세요. 그 존재로서 편안히 쉬세요. 그것으로서 쉬라는 제안조차 결국은 분리된 자아 또는 에고, 즉 자신은 그것이 아니라고 믿는 자를 위해 양보하는 말입니다. 그 말은 마치 우리가 그 존재로서 쉴 수도 있고 그렇지 않을 수도 있는 하나의 자아인 것처럼 들릴 수 있습니다.

우리는 그것이며, 그것의 본성은 이미 쉬고 있습니다! 완전히 그런 것은 아니지만, "늘 그리고 이미 당신 자신인, 본래 평화롭고 조건 없이 충족된 현존으로 알아차리면서 존재하라"고 제안하는 것이 더 정확한 표현일 것입니다.

어떤 경험을 바꾸거나 없앨 필요가 없습니다. 우리는 깊이 우울하거나 미친 듯이 사랑에 빠질 수도 있고, 길을 걷고 있거나 차를 마시고 있을 수도 있습니다. 우리의 참된 자기는 경험의 내용에 관계없이 모든 경험 가운데 환히 빛납니다.

필요한 것은, 스크린 위의 영상이 사라지면 스크린이 나타나듯이, 우리의 참된 자기가 경험의 배경에서 나오도록 허용하는 것입니다. 물론, 스크린이 실제로 나타나는 것은 아닙니다. 스크린은 언제나 완전히 보일 수 있었습니다. 단지 영상에 가려진 것 같았을 뿐입니다.

만약 우리의 존재가 경험에 가려져 있어서 분명히 알아볼 수 없다면, 우리가 할 일은 경험의 내용에 기울이는 관심의 초점을 이완하여 우리의 참된 자기에게 돌아오도록 허용하는 것뿐입니다. 참된 자기는 자기에게 돌아와 자기를 다시 알아보거나 알게 됩니다.

・・・

우리는 늘 그리고 이미 자신인 것이 될 수 없습니다. 어떤 종류의 수행을 통해서도 그럴 수 없으며, 그럴 필요도 없습니다.

우리는 오직 본질적인 우리 자신이 아닌 다른 것만 될 수 있습니다. 우리는 쉰 살이 될 수 있습니다. 우리는 피곤한 상태가 될 수 있습니다. 우리는 결혼한 상태가 될 수 있습니다. 우리는 외로운 상태가 될 수 있습니다. 우리의 본성 또는 참된 자기는 모든 '됨(becoming)'에 앞서 존재합니다.

우리는 본래 우리 자신인 것을 무시하거나 간과하거나 잊을 수 있고, 경험 속에 빠져 참된 자기를 잃을 수도 있습니다. 하지만 그럴 때도, 알아차리지는 못하더라도, 우리는 본래 우리 자신인 것으로 존재합니다. 우리의 존재가 경험의 내용에 가려지도록 허용하면 그것은 사라진 것처럼 보일 것이며, 이처럼 참된 자기가 부재하는 것처럼 보이면 우리 본연의 평화와 기쁨, 단순한 존재의 기쁨도 상실할 것입니다.

이러한 결핍의 결과로 '큰 찾기'가 시작되며, 우리는 전 세계를 돌아다니는 긴 여정을 떠나기도 합니다. 그러나 우리는 단지 우리 존재를 찾고 있을 뿐입니다. 우리 자신이 자신을 찾아 전 세계를 여행하고 있습니다!

영상에서 스크린을 찾으려 하면, 우리가 보고 있는 것은 스크린 뿐이지만, 우리는 결코 스크린을 발견하지 못할 것입니다. 마찬가지로, 경험의 내용에서 참된 자기를 찾으려 하면, 모든 경험에 참된 자기가 가득하지만, 결코 그것을 발견하지 못할 것입니다. 우리의 참된 자기가 사라진 것처럼 보이는 까닭은 어디에서도 발견되지 않기 때문이 아닙니다. 어디에나 있기에 사라진 것처럼 보이는 것입니다. 그것은 잘 보이는 곳에 숨겨져 있습니다.

우리는 참된 자기를 찾기 위해 어디로 가거나 무엇을 할 필요가 없습니다. 사실, 어디로 가든 무엇을 하든 우리는 참된 자기로부터 더 멀어지는 것 같을 것입니다. 왜냐하면 어디를 가거나 무엇을 하는 행위는 우리의 존재가 지금 여기에 현존하지 않는다는 믿음을 강화할 것이기 때문입니다.

그렇긴 하지만 자기의 본질적인 존재와 본연의 평화, 이유 없는 기쁨이 현존하지 않는다고 느끼는 많은 사람을 위한 첫째 단계는 그것에 다가가기 위해 어떤 수행을 하는 것일 수 있습니다. 객관적인 경험 속에서 완전히 길을 잃은 마음에게는 스스로 거기에서 벗어나 자신에게 돌아오는 일이 어려워 보일 것입니다.

이럴 때는 만트라 명상이나 호흡 집중 같은 예비 수행이 필요할 수도 있습니다. 마음이 경험에만 사로잡혀 있는 상태에서 벗어나 자기의 본질로 직접 돌아갈 수 있을 만큼 충분히 자유로워지는 데 도움이 되기 때문입니다.

그러나 이러한 예비 수행은 거의 필요하지 않으며, 특히 옛 문화들의 지역적, 시대적 관습에서 벗어난, 여기에서 제시하는 단순하고 직접적인 접근 방식을 누구나 이용할 수 있는 지금은 더욱 그렇습니다.

인종, 종교, 신념에 관계없이, 경험의 내용에 관계없이 대다수 사람은 경험의 모험을 떠나 자기 자신으로 간단히, 직접 돌아올 수 있습니다. 이것이 명상의 본질이며, 평화와 행복으로 가는 직접적인 길입니다.

• • •

우리의 본질적인 자기가 드러날 때는 몸의 긴장이 이완되고 마음이 확장되기도 합니다. 이러한 경험은 즐거울 수 있지만, 나타날 수도 있고 나타나지 않을 수도 있는 일시적인 부수 효과입니다. 이러한 경험은 특별할 수 있지만, 우리의 참된 자기나 존재를 알아보는 것과는 아무런 관련이 없습니다.

우리의 존재를 알아보는 일에는 특별한 것이 없으며, 적어도 처음에는 몸이나 마음에 특이한 표시가 동반되지 않을 가능성이 큽니다.

사실, 몸과 마음의 이완은 너무 조용하게 서서히 일어나서 거의 인식되지 않을 수 있습니다. 물론, 시간이 지나면 그런 표시들이 분명해지며, 자신의 존재를 아는 사람은 평화와 분명함, 따뜻한 가슴을 발산합니다.

깨달음의 표시를 찾지 않는 것이 좋겠지만, 만약 찾아야 한다면 그 내용에 관계없이 모든 경험에 동반하는 이유 없는 평화와 기쁨이 가장 좋은 표시일 것입니다. 그런 평화와 기쁨이 마음 뒤에서 빛나는 것의 마음속 첫 번째 표시일 것입니다.

이 평화는 경험에서 일어나거나 일어나지 않는 일의 결과가 아니라, 경험의 밑바탕에 있고 그 안에 가득 스며 있는 평화입니다. 그것은 '이해를 넘어서는 평화'입니다.

9
세상과 나 자신은 하나

명상의 첫째 단계인 내향적인 길(내면을 향한 길) 또는 식별의 길에서는 우리가 인식하는 모든 것에서 본질적인 자기를 식별합니다. 앎은 경험의 대상에서 벗어나 자신이 경험의 주체이며, 알려지는 것을 아는 자임을 알아봅니다.

나는 생각, 감정, 감각, 지각을 알지만, 나 자신은 그러한 대상이 아닙니다. 나는 그것들을 알거나 인식하는 존재입니다. 나는 모든 경험에서 아는 요소입니다.

명상의 둘째 단계인 외향적인 길(외부를 향한 길) 또는 포함의 길에서는 이전에 관심을 기울이지 않았던 경험의 객관적 내용을 마주하지만, 그 안에서 더는 자기를 잃지 않습니다. 우리는 그 경험이 우리의 자기로 녹아들도록 허용합니다. 우리는 경험을 향해 가는 것이 아니라, 경험이 우리에게 오도록 놓아둡니다.

경험은 늘 같은 장소에서, 즉 앎이 있는, 내가 있는, 장소 없는 장소에서 일어납니다.

우리는 경험이 마치 멀리서 오듯이 우리에게 온다고 말할 수도 없습니다. 어떤 경험도 참된 자기와 떨어져 있거나 참된 자기의 바깥에 있지 않습니다. 모든 형태의 경험을 취하는 것은 바로 우리의 참된 자기—인식하는, 아는 또는 앎 자체—입니다. 경험은 앎의 활동입니다.

경험이란 경험을 아는 것이 전부입니다. 생각하고 느끼고 지각하는 모든 경험은 앎의 채색이며, 나라는 존재의 변조입니다.

이 점이 분명해지면, 더는 내면을 향한 길을 택할 필요가 없습니다. 사실은 더이상 어떤 길도 택할 필요가 없습니다. 자기에서 자기로 가는 길은 없습니다.

때때로 우리는 여전히 경험의 내용에 관심을 두지 않고 존재 안에서, 존재로서 편안히 쉴 수 있지만, 이제는 객관적인 경험에 문제가 있어서 그렇게 하는 것이 아닙니다.

경험은 참된 자기로부터 참된 자기를 가릴 능력을 잃었습니다. 경험은 현실을 위장하는 능력을 잃고, 대신 현실과 함께 빛납니다. 우리는 경험이 있을 때나 없을 때나 똑같이 집에 있습니다.

우리는 활동과 관계의 한가운데에 있을 때도 자신의 존재 안에서 편안히 쉬며 똑같이 평화를 누립니다. 앎과 앎의 대상 사이의 대립은 해소되었습니다. 삶과 명상 사이의 구분이 사라졌습니다.

. . .

'실존(existence)'이라는 단어는 라틴어의 '밖으로' 또는 '~로부터'라는 뜻의 ex와 '서다'라는 뜻의 sistere에서 유래한 것으로, 영화 속 사물이 스크린을 배경으로 눈에 띄듯이, 실존하는 어떤 것이 배경에서 '눈에 띄는 것'을 나타냅니다.

실존하는 모든 것이 눈에 띄게 하는 배경은 무엇일까요? 존재(Being)!

영화 속 어떤 것도 스크린과 구별되지 않으며 독립적인 실체가 없습니다. 현실에서도 어떤 사람이나 사물도 그 자체로 실존하지 않습니다. 그것들은 무한하고 나뉠 수 없는 하나의 존재의 이름들과 모습들일 뿐입니다.

영화 속 모든 것은 스크린의 채색입니다. 실존은 존재의 움직임입니다.

모든 사람과 사물이 공유하는 존재 또는 현존은 무한하며, 보이고 들리고 만져지고 맛이 느껴지고 냄새 맡아지는 모든 것은 그 존재의 일시적인 이름과 모습입니다.

우리가 만나는 모든 것은 참으로 있는 그것, 즉 순수 존재, 또는 종교 언어로는 신의 현존입니다.

신의 존재로부터 독립하여 실존하는 것은 없습니다. 이것이 바로 이슬람 기도문 "라 일라하 일라알라", 즉 "신 외에는 신이 없다"의 뜻입니다. 독립적으로 실존하는 것은 없습니다. 어떤 사람이나 사물도 그 자체로 독립된 실체가 아닙니다. 실제로 실존하는 것은 아무것도 없습니다!

제대로 이해한다면, 이것은 허무주의적인 말이 아닙니다. 오히려 우리가 만나는 모든 대상이나 사건은 영원하고 무한한 존재의 일시적인 이름과 모습이라는 사실을 긍정하는 말입니다. 수피교도들은 "어디를 보든지 신의 얼굴이 있다"고 말합니다.

영화 속 대상이 실재하는 것처럼 보이는 실존은 스크린의 (상대적인 의미의) 실재에서 빌린 것이듯이, 사물들이 실재하는 것처럼 보이는 실존도 참으로 있는 그것, 즉 신의 무한한 존재에서 빌린 것입니다.

사물들은 독자적인 실존을 가지고 있지 않으며, 존재가 사물들을 가지고 있습니다. 자아들은 앎을 가지고 있지 않으며, 앎이 자아들을 가지고 있습니다.

사물들이 실존하기에 우리가 사물들을 생각하는 것이 아닙니다. 우리가 사물들을 생각하기에 사물들이 실존하는 것처럼 보이는 것입니다. 생각은 무한하고 나눌 수 없는 신의 실재로부터 개별적인 사물과 자아를 추상화합니다.

경험의 한가운데서 이 실재를 느끼는 것은 아름다움과 사랑을 아는 것입니다. 그것은 실존 안에서, 실존으로서 빛나는 신의 현존입니다.

• • •

참된 자기를 자세히 살펴보면, 우리는 제한되지 않고 자기를 아는 존재인 '나(I am)'만을 발견합니다. 세상의 대상들을 향해 밖으로 나가면, 무한한 존재만을 발견합니다. 무한한 존재는 얼마나 많을 수 있을까요?

모든 종교적, 영적 전통의 핵심에 있는 위대한 인식은 참된 자기의 있음과 사물의 있음이 순수한 앎 또는 영(靈)으로 이루어진 똑같은 무한하고 나눌 수 없는 전체 또는 실재라는 것입니다.

안에서는 '나는 있다'라는 앎으로, 밖으로는 '그것이 있다'라는 앎으로 빛나는 이 실재는 생각과 지각을 통해 변조되어, 수없이 많고 다양한 사물과 자아들로 나타납니다. 마치 밤에 잠잘 때 꿈에 나타나는 모든 것이 실제로는 나눌 수 없는 한마음의 활동이듯이.

앎은 참된 자기의 본질이며, 존재는 세상의 본질입니다. 이들은 둘이 아닙니다. 이들의 하나임은 생각과 지각으로 인해 굴절되지만, 실제로는 언제나 변함없이 무한하고 나눌 수 없는 똑같은 실재 또는 전체로 존재합니다.

이러한 실재를 알아보는 것은 모든 위대한 예술의 원동력입니다. 영화감독 피에르 파올로 파졸리니가 "내 영화가 본래의 성스러운 의미를 현실에 복원하기를 원한다"라고 말한 것도 바로 이런 이유 때문입니다. 세잔이 자신의 그림에 관해 "내 작품이 사람들에게 자연의 영원성을 맛보게 해 주기를 바란다"라고 말한 것도 이런 뜻입니다. 바흐가 "나의 모든 작품은 신의 영광을 위해 작곡되었다"라는 종교적 언어로 가리킨 것도 바로 이것입니다.

모든 것의 있음과 모든 자아의 있음은 똑같은 무한하고 나눌 수 없고 자기를 아는 존재(있음)이며, 이 존재는 종교적으로는 신의 현존으로, 과학적으로는 의식으로 알려져 있고, 종종 앎이라고도 하며, 흔히 '나'로 알려져 있습니다.

10

우리 안의 평화와 행복

무한한 존재가 사람의 모습으로 축소되면 본연의 평화, 행복과의 접촉을 잃게 됩니다. 이러한 이유로 고통이 시작되고 행복을 추구하게 되며, 그리하여 필연적으로 참된 자기를 잊어버리게 됩니다.

이 추구는 물건, 물질, 활동, 마음 상태 또는 관계를 얻어도 결코 충족될 수 없습니다. 평화와 행복은 더이상 경험에 제한되지 않을 때 참된 자기의 본성입니다. 제한에서 벗어난 우리의 참된 본성은 스스로 빛납니다.

'나 자신'이라는 느낌, 또는 '나는 있다'라는 앎은 우리 모두가 알아차리지 못한 채 지니고 다니는 보물입니다. 그것이 바로 우리의 참된 재산입니다. 우리는 마치 주머니에 다이아몬드가 있는 줄도 모르고 시장에서 다른 보석을 사려는 사람과 같습니다.

우리 모두 오랫동안 추구해 온 평화와 행복은 우리 자신을 아는 단순한 앎, '나는 있다'라는 앎, 존재를 아는 앎에 있습니다.

대상을 아는 앎이 존재를 아는 앎을 덮어 버리도록 허용될 때, 고통이 뒤따릅니다. 존재를 아는 앎이 대상을 아는 앎보다 환해질 때 행복이 드러납니다.

・・・

행복도 다른 모든 감정처럼 오고 가는 것이라는 반론이 타당해 보일 수 있습니다. 하지만 사실, 행복은 흐린 날 구름 사이로 조금 보이는 푸른 하늘과 같습니다.

언뜻 보기에는 푸른 하늘이 구름들 '속에서' 일시적으로 나타나는 것처럼 보이듯이, 행복은 우리의 괴로운 감정들 '사이에서' 일어나는 잠깐의 경험인 것처럼 보입니다. 그러나 푸른 하늘이 지나가는 구름의 늘 있는 배경이듯이, 행복은 모든 변하는 감정의 늘 현존하는 배경입니다.

하늘이 날씨에 영향받지 않듯이, 앎이라는 배경은 경험에 방해받지 않습니다. 그 배경의 본성은 평화입니다.

구름이 하늘에 아무것도 더하지 않듯이, 경험은 우리의 참된 본성인 앎에 아무것도 더하지 않습니다. 우리의 참된 본성은 그 자체로 완전합니다. 그것은 경험으로부터 아무것도 필요하지 않으며, 따라서 행복 그 자체입니다.

그렇다고 해서 경험이 무가치하다거나 경험에 관심을 두지 말아야 한다는 뜻은 아닙니다. 단지 경험에서 행복을 얻으려 애쓰는 것은 실수라는 말입니다.

하늘은 구름을 이루는 재료지만 전혀 변하지 않듯이, 앎은 경험 자체의 본질이지만 경험으로 인해 바뀌거나 나아지거나 약해지지 않습니다.

모든 위대한 종교적, 영적 전통은 우리 각자 안에서 '나 자신'이라는 경험 또는 '나는 있다'라는 앎으로 빛나는 '존재의 앎'이 행복 그 자체라는 것을 인식합니다.

우리가 무엇보다도 갈망하고 습관적으로 우리 바깥에서 찾으려

하는 평화와 행복은 우리 자신의 존재를 단순히 있는 그대로 아는 데 있습니다.

···

빈 공간에 어떤 것이 나타나기 전에는 그 공간이 (그 안에 동요할 수 있는 것이 아무것도 없으므로) 동요할 수 없듯이, 우리의 본질적인 자기 또는 존재도 어떤 경험이 일어나기 전에는 (자기 안에 자기 외에는 아무것도 없으므로) 방해받을 수 없습니다.

빈 공간의 상태는 그 안에 물체가 나타나도 변하지 않듯이, 우리의 본질적인 자기의 본성은 어떤 경험을 하더라도 그 내용에 관계없이 늘 똑같습니다. 따라서 그 본연의 상태는 평화입니다. 그것은 노력이나 수행, 단련으로 평화롭게 '만들어질' 필요가 없으며, 그저 있는 그대로 알려지기만 하면 됩니다. 그것이 자기를 알아봅니다.

'이해를 넘어서는 평화'는 우리 자신의 존재에 내재하는 것(그것이 우리 자신의 존재입니다)이며, 객관적인 경험에서 나오는 것이 아닙니다. 우리가 경험의 내용을 취하는 것처럼 보이는 것은 오직 자신이 경험의 내용에 채색되도록 허용할 때뿐입니다. 우리의 생각, 감각 또는 지각이 동요하면, 우리는 그 동요를 취하는 것처럼 보입니다. 우리는 경험 속에서 자기를 잃고, 우리 본연의 평화가 일시적으로 가려집니다.

그러나 영화가 상영되는 스크린이 사물과 인물의 등장으로 인해 조각조각 나뉘지 않듯이, 우리의 본질적인 자기 또는 존재도 경험으로 인해 나뉘거나 바뀌거나 손상되지 않습니다. 그것은 늘 한결같은 본래 상태이며, 아무것도 부족하지 않고, 아무것도 붙잡지 않으며, 아무것도 추구하지 않습니다. 그것의 본성은 편안함, 충족, 평화입니다.

행복은 우리 자신의 본성입니다. 그것은 우리 자신이 자기를 아는 것입니다. 존재를 아는 것 자체가 행복입니다.

행복은 조건이 없습니다. 경험에서 일어나거나 일어나지 않는 것들에 의지하지 않으며, 그것들이 원인이 되어 일어나는 게 아니기 때문입니다. 크리슈나무르티가 "나는 무슨 일이 일어나도 상관없다"라고 한 말은 무관심하다는 뜻이 아닙니다. 단순히 자기의 행복은 경험의 내용에 좌우되지 않는다는 뜻이었습니다.

⋯

　행복이 참된 자기의 본성이고 참된 자기처럼 모든 경험 내내 현존하는 것이라면, 왜 우리는 언제나 평화롭고 행복하다고 느끼지 못하는지 궁금할 수 있습니다.

　그 의문에 대한 답은, 우리가 경험의 내용 속에 빠져 자기를 잃어버리고, 그로 인해 본질적인 자기를 더는 알아차리지 못하게 되면, 우리 본연의 행복이 일부 가려진다는 것입니다. 우리의 참된 본성을 잊어버리면 본연의 행복이 가려지고 고통이 뒤따릅니다.

　우리는 항상 평화롭고 행복하다고 느끼지는 못하지만, 가장 어두운 순간에도 행복에 대한 갈망은 남아 있습니다. 이 갈망은 괴로움의 한가운데서 빛나는 우리의 본성입니다. 그것은 우리의 참된 자기가 자기에게 돌아오도록 자기를 부르는 것입니다. 행복이나 행복에 대한 갈망은 있지만, 그것의 부재(不在)는 없습니다.

　하지만 행복은 객관적으로 알 수 없습니다. 어떤 경험을 객관화하고 이름을 붙이려면, 먼저 그 경험에서 떨어져 거리를 두고 알아야 합니다. 자기 자신으로부터 한 발짝도 떨어질 수 없듯이, 우리는 자기로부터 자기를 분리할 수 없으며, 자기에 내재한 행복을 객관적인 경험으로 알 수 없습니다. 이와 달리, 불행은 생각과 감정이 혼합된 것입니다. 그것은 늘 객관적으로 알 수 있습니다.

우리는 행복을 알 수 없으며, 행복으로 존재할 수만 있습니다. 우리는 불행할 수 없으며, 불행을 알 수만 있습니다.

• • •

우리는 생각, 이미지, 감정, 감각, 지각을 인식하는 대신, 단순히 참된 자기를 인식할 수 있습니다. 우리는 존재한다는 느낌이나 '나는 있다'라는 앎 안에서 편히 쉽니다.

이처럼 자기 안에서 편히 쉴 때, 우리가 늘 그리고 이미 그것이지만 자주 간과하는 평범하고 친밀하며 익숙한 참된 자기가 그대로 드러납니다.

우리의 본질적인 자기인 이 무한하고 늘 현존하고 평온하며 본래 충족된 존재는 노력이나 수행, 단련으로는 얻을 수 없습니다. 그것은 자신의 활동 가운데서 자기를 잃었다가, 다시 자기에게로 돌아갑니다. 그것은 자기를 간과하다가, 다시 자기를 기억해 냅니다. 그것은 숨겨져 있다가 드러납니다.

우리는 참된 자기의 본성인 평화와 행복을 만나기 위해 어디로 가거나 무엇을 할 필요가 없습니다. 그저 우리가 바로 그것이라는 것을 알아차리기만 하면 됩니다.

이런 이유로 현자 아쉬타바크라는 "행복은 눈 깜빡이는 것조차 귀찮아하는 지극히 게으른 사람의 것"[14]이라고 말했습니다.

---

14 아쉬타바크라 기타, 16장 4절.

11
참된 본성에 자리 잡기

우리가 진정으로 갈망하는 모든 것은 우리 자신의 존재를 본질 그대로 아는 앎에서 발견됩니다.

처음에 대다수 우리는 경험의 배경에서 우리의 본질적인 존재를 얼핏 보지만, 그 존재가 습관의 힘으로 인해 거의 즉시 경험의 내용에 가려져 버립니다. 이럴 때 우리가 참된 자기로 돌아가는 길을 따라 자꾸 반복하여 되돌아가다 보면, 참된 자기 안에 참된 자기로서 자리 잡기 시작합니다.

이는 강연이나 파티에서 낯선 사람을 만나는 것과 같습니다. 처음에는 그 또는 그녀를 잠깐 보고, 이전에 만난 적은 없지만 그 사람에게 관심이 생깁니다. 그 사람을 알아보는 것 같습니다. 한동안 그 사람에 관한 기억이 문득문득 떠오르는데, 마치 늘 알고 있었지만 잊고 있던 무언가로 나를 부르는 것 같습니다.

2주 후 슈퍼마켓에서 그를 다시 만납니다. 우연인 것 같지만, 놀라지는 않습니다. 우리는 함께 커피를 마시자며 만나기로 약속하고, 친해지기 시작하며, 친분이 깊어질수록 더 많이 알고 싶은 바람이 커집니다. 다음에는 저녁 식사를 위해 만나고, 곧 주말을 함께 보냅니다. 몇 달 후 우리는 같은 집으로 이사합니다. 행복하게 잘살기를!

우리 대다수가 참된 본성을 알아보는 일도 이와 비슷한 방식으로 일어납니다. 잠깐씩 보는 일이 반복되다가, 점차 본성 안에 자리 잡게 됩니다. 드물게는 처음 한 번 알아보는 것으로 충분하며 다시는 경험에 가려지지 않는 경우도 있습니다. 어느 쪽이든 일단 한번 그렇게 보게 되면, 우리의 삶은 다시는 이전과 같지 않습니다. 새로우면서도 익숙해 보이는 무엇에 자꾸 관심이 갑니다.

이 첫 번째 알아봄 이후, 우리는 호기심을 느끼게 됩니다. 친구[15]를 찾거나, 책을 읽거나, 동영상을 보거나, 단순히 자기 내면을 탐구할 수도 있습니다. 조만간 우리는 같은 경험으로, 경험에 제한

---

15 본성에 관해 함께 공부할 친구. 도반(道伴).—옮긴이

되기 전의, 벌거벗은 상태의 본래 우리 존재로 다시 인도되고, 우리 존재에 내재한 평화와 기쁨을 다시 맛보게 됩니다. 우리는 거기에서 편안히 쉬지만, 얼마나 오래 쉬는지는 모릅니다. 왜냐하면 이 일은 우리의 일상 경험과 같은 시간에 일어나지 않기 때문입니다.

그러다가 객관적인 경험은 습관의 힘으로 우리를 참된 자기에서 멀어지게 합니다. 하지만 우리는 참된 자기로 '돌아올' 때마다 조금씩 더 오래 머물며 쉬는 것 같고, 그럴수록 경험 속에서 길을 잃는 습관이 점차 약해진다는 것을 알아차립니다.

한동안은 여전히 객관적인 경험과 본질적인 존재의 평화 사이를 오가는 것처럼 보일 수 있지만, 결국 우리는 경험의 배경에 있는 참된 자기로 돌아올 뿐 아니라 경험의 한가운데에 머무를 능력을 기릅니다.

경험은 우리를 참된 자기에서 멀어지게 하고 본연의 평화와 행복을 가릴 힘을 잃었습니다. 우리는 더는 경험의 내용 속에 빠져 참된 자기를 잃지 않습니다. 우리는 참된 본성에 자리 잡고 있습니다. 집으로 돌아왔습니다.

· · ·

우리의 참된 자기 또는 존재는 경험으로부터 물려받은 성질들을 벗을 때 동요를 잃고, 그 본성인 평화가 드러납니다. 결핍감을 잃고, 본연의 기쁨이 드러납니다.

우리의 참된 자기를 경험의 내용과 동일시하면 분리된 자아 또는 에고가 만들어지며, 그것은 우리 삶의 대부분을 지배합니다. 경험에 내재한 한계를 벗어나면 우리 본연의 자유가 회복됩니다. 우리의 참된 자기는 실존적 결핍감과 죽음에 대한 두려움에서 해방됩니다.

때로는 이러한 알아봄이 너무 완전하고 완벽해서, 일시적이고 유한한 자아를 위해 생각하고 느끼는 오래된 습관과 그에 수반되는 동요와 불행이 다시 나타나지 않을 때도 있습니다. 하지만 거의 모든 경우에 이러한 습관은 다시 돌아와서 우리의 활동과 관계에서 계속 표현됩니다.

우리가 일시적이고 유한하며 분리된 자아라는 믿음은 이해를 통해 뿌리 뽑혔어도, 오래된 습관들에는 여전히 그 습관을 일으킬

추진력이 있습니다. 마치 엔진은 꺼져 있어도 한동안은 계속 움직이게 할 추진력이 조금 남아 있는 바다 위의 작은 배처럼…. 그럴 때는 참된 자기 안에서 안정될 때까지 참된 자기로 돌아가는 길을 따라 반복해서 되돌아갈 필요가 있습니다.

우리가 참된 자기로 돌아갈 때마다 그 길은 점점 더 짧아지고 쉬워지며, 경험은 우리를 데려갈 힘을 점점 더 잃게 됩니다. 점차 우리는 우리의 본성 안에, 본성으로서 자리 잡게 됩니다.

이런 일이 일어나면 평화와 행복이 내면에서부터 우리의 경험에 스며들기 시작합니다. 그것은 우리의 생각과 감정에 스며들 뿐 아니라, 활동과 관계에서도 표현되기 시작합니다.

시간이 지나면 몸과 마음이 이러한 알아봄으로 인해 내부에서부터 변형되며, 그로 인해 극적이지는 않을지라도 변화가 일어납니다. 사실, 마음은 처음에는 무슨 일이 일어나고 있는지를 알아차리지 못하고, 자신이 변화하고 있다는 것을 나중에야 서서히 알게 될 수 있습니다.

서서히 경험의 모든 영역을 참된 본성의 평화가 지배하게 되고,

그 평화는 우리의 모든 상호 작용에서 아무 노력 없이, 말로 또는 말없이, 스스로 소통하기 시작합니다.

우리는 처음에는 참된 본성을 언뜻 보거나 맛보고, 다음에는 그 안에 자리 잡고, 그다음에는 본성의 본래 성질을 표현하고 그 성질과 일치하는 방식으로 능력을 발휘하며 살아갑니다.

• • •

모든 순간, 모든 상황에서 우리는 경험이 우리 본연의 평화를 가리도록 허용할 수도 있고, 경험이 투명해져서 그 평화를 가리지 않도록 허용할 수도 있습니다. 우리의 경험은 우리가 선택하는 가능성에 맞게 나타날 것입니다. 우리가 경험이 존재를 가리도록 허용하면, 경험은 그 가능성을 따를 것입니다. 우리가 존재와 접촉을 유지하면, 존재에 내재한 평화가 우리의 경험에 점점 더 스며들 것입니다.

우리의 존재가 경험의 내용에 관계없이 모든 경험에 영향받지 않는다는 것이 분명해지면, 겉으로 분리되어 보이는 자아 또는 에고를 특징짓는 추구와 저항의 활동이 잠잠해지기 시작합니다.

우리는 매일 우리 존재의 혼자임과 침묵 속에서 피난처를 찾을 수 있지만, 경험의 세계로 나갈 때 그 피난처를 떠난다고 느끼지 않습니다. 우리는 어디를 가든 우리의 참된 자기와 함께합니다. 우리는 가슴의 안식처에서뿐만 아니라, 모든 경험의 한가운데서도 안전합니다.

이는 우리가 더는 비통함이나 슬픔을 느끼지 않는다는 뜻이 아니라, 더는 그런 감정들에 대해 방어할 필요를 느끼지 않는다는 뜻입니다. 우리는 그런 감정들에, 모든 경험에 전적으로 열려 있으며, 그래서 경험들은 고통스럽게 하는 성질을 잃게 됩니다.

평화나 행복을 찾기 위해 특정한 경험을 추구하거나 저항할 필요도 없습니다. 모든 경험은 똑같이 평화나 행복으로 빛나기 시작하기 때문입니다. 똑같다는 느낌이 모든 것에 가득 스며듭니다.

그렇다고 해서 우리가 더는 특정 경험의 성질을 인식하지 않는다는 뜻은 아니지만, 우리의 관점은 균등해집니다. 경험에는 더이상 행복의 약속이나 불행의 위협이 담겨 있지 않습니다.

자기의 본질 안에서 자주 쉬는 데 익숙한 마음은 점점 더 평화로 가득해집니다. 그런 마음은 다시 경험으로 돌아올 때 그 평화를 떠나지 않습니다. 그 마음은 평화와 함께하며, 생각하고 느끼고 감지하고 지각하고 행동하고 관계 맺는 마음의 활동은 그 평화를 표현하고 나누고 누리는 것이 됩니다.

예이츠는 그의 시 〈출렁이는 마음(Vacillation)〉에서 "나의 행복이 너무 커서 축복받은 듯했고, 축복할 수 있었네"[16]라고 묘사합니다.

축복받는다는 것은 우리 본성의 평화, 기쁨과 접촉하는 것입니다. 종교적 언어로 말하면, 가슴속에서 신의 현존을 느끼는 것입니다.

우리 각자가 이 현존과 접촉을 유지하면, 그것은 말로 또는 말없이 자기를 전하며, 우리와 접촉하는 모든 사람과 모든 것에 빛을 비춥니다.

---

16 4연.

12
'나'라는 이름

'나'는 자기를 알거나 인식하는 것이 무엇이든 그것이 자기에게 부여하는 이름입니다. 바위는 자기를 알지 못합니다. 꽃은 자기를 알지 못합니다. 나무, 고양이, 개, 사람도 자기를 알지 못합니다. 오직 앎만이 알며, 그러므로 오직 앎만이 자기를 알거나 인식합니다.

'나'라는 이름은 개인이 자신에게 부여하는 이름이 아닙니다. 그것은 앎이 자기에게 부여하는 이름이며, 앎만을 위해 남겨 두어야 합니다.

자기를 아는 앎의 인식에는 한계가 없습니다. 자기를 아는 앎의 인식은 무한합니다. '나'라는 이름은 언제나 이 무한하며 자기를 아는 존재를 지칭해야 합니다. 그것은 신의 이름입니다.

신의 현존은 우리 각자 안에서 '나 자신' 또는 '나는 있다'라는 평범하고 친밀하고 익숙한 경험으로 빛납니다.

우리가 참된 자기를 아는 것은 앎이 자기를 아는 것이며, 신이 자기를 아는 것입니다.

• • •

'나 자신'이라는 경험을 알아차리세요.

우리는 다른 것을 알기 전에 자기가 있다는 것을 압니다. 우리는 자기가 있음을 압니다. 우리는 내가 있다는 것을 압니다. '내가 있다'를 아는 것, 있음을 아는 것은 마음의 일차적인 인식입니다.

이 인식은 누구에게나 똑같습니다. 히틀러 안에 있던 앎은 라마나 마하리쉬나 붓다 안에 있던 앎과 똑같습니다. 그들의 생각, 감정, 활동, 관계는 달랐지만, 그들의 본질적인 자기는 똑같았습니다. 히틀러의 경우에는 그것이 경험에 가려졌지만, 다른 두 사람의 경우에는 그렇지 않았습니다.

우리의 존재를 인식하는 것은 특별하거나 어려운 일이 아닙니다. 누구나 '나 자신'이라는 느낌 또는 '나는 있다'를 경험합니다. 지구상의 70억 인구 중 누구에게든 "당신은 지금 있습니까?" 또는 "당신은 지금 압니까?"라고 물으면, 그 질문을 이해하는 사람은 "예, 나는 있습니다"라고 대답할 것입니다.

모든 사람은 자신의 존재를 압니다. 즉, 모든 사람 안에 있는 존재가 자기를 압니다. '나는 있다(I am)'[17]라는 표현은 여기에 어떤 것이 붙기 전의 자기를 아는 앎의 가장 단순한 표현입니다. 왜냐하면 '나는 있다'라고 말하려면 내가 있다는 사실을 '알아야' 하기 때문입니다.

라마나 마하리쉬는 신이 모세에게 말한 '나는 나다(I am that I am)'[18]라는 말씀이 모든 영적 전통에서 가장 높은 진실의 표현이라고 말한 적이 있습니다. 이 접근법에서 '나'라는 이름이 성스러운 것으로 여겨지는 것은 그 때문입니다. 그것은 거룩한 이름, 신의 이름입니다.

---

17 I am은 '나다' '나는 있다' '나는 …이다'라는 뜻으로 쓰이며, '여기에 어떤 것이 붙기 전'이란 '나는 사람이다(I am a person)' '나는 걷는다(I am walking)' '나는 슬프다(I am sad)'와 같이 I am 뒤에 다른 무엇이 붙기 전의 본래 상태를 말한다.—옮긴이
18 54쪽의 각주 참고.—옮긴이

'나' 또는 '나는 있다(I am)'라는 이름을 마음속으로 한 번 불러 보고, 그 이름이 가리키는 대상으로 우리 자신이 이끌려 가도록 허용하는 것만으로도 충분합니다. 이큐 선사가 "모든 공안 중에서 '나'가 가장 높다"[19]라고 말한 것도 이런 이유 때문입니다.

∙ ∙ ∙

모든 경험은 조건 지어지지 않은, 한계 없는, 자기를 아는 존재의 일시적인 채색입니다. 경험은 존재의 활동이며, 존재는 쉬고 있는 경험입니다.

모든 경험은 영원하고 무한한 존재, 신의 존재이며, 그 존재는 자기의 활동으로 자기에게 옷을 입히고, 지각의 렌즈를 통해 자기에게 세계로 나타납니다. 그 옷과 한계를 벗으면 그것은 기쁨으로 드러납니다. 이것이 바로 윌리엄 블레이크가 "하늘을 나는 모든 새는 오감으로 둘러싸인 거대한 기쁨의 세계"[20]라는 말로 묘사한 것입니다.

---

19 〈입 없는 까마귀(Crow with No Mouth)〉에서.
20 〈천국과 지옥의 혼인(The Marriage of Heaven and Hell)〉에서.

당신은 늘 현존하고 본래 평화로우며 조건 없이 충족된 존재, 모든 것, 모든 사람과 공유하는 존재입니다. 당신이 그런 존재 아닌 다른 것이라고 믿게 하려는 경험에 설득되지 마세요.

당신의 참된 자기가 일시적으로 경험에 채색되도록 허용하되, 그것에 제한되지는 마세요. "나는 슬프다", "나는 외롭다", "나는 피곤하다", "나는 배고프다", "나는 남자다", "나는 여자다"라고 말하고 그런 말과 동일시하는 것은 무한한 존재가 제한된 개인이 되도록 허용하는 것입니다.

'나(I am)'가 '나는 이것이다, 저것이다'가 될 때, 그것은 무한한 존재이기를 멈추고 유한한 존재가 되는 것처럼 보입니다. 분리된 자아 또는 에고는 무한한 존재가 스스로 취한, 겉으로만 존재하는 것 같을 뿐 궁극에는 환상에 불과한 한계입니다.

유한한 것은 무한한 것과 함께 존재할 수 없습니다. 유한한 것이 무한한 것의 일부를 대체하면, 무한한 것은 더이상 무한하지 않기 때문입니다. 무한한 것에는 유한한 것을 위한 공간이 없습니다. 그러므로 "나는 남자다, 여자다, 개인이다"라고 믿는다는 것은 신의 무한한 존재에 한계를 부여하는 것입니다. 그것은 신의 무한한 존재를 부정하는 것이며, 신성 모독입니다.

"나는 신이다"라는 말은 적절하지는 않지만 신성 모독은 아닙니다. 신성 모독인 것은 '나는 신의 존재와 분리된 존재'라고 믿고 느끼는 것입니다. "나는 하나의 자아이며, 다른 모든 존재와 신에게서 분리된 일시적이고 유한한 자아다"라고 믿는 것입니다.

이것이 다른 모든 이른바 죄의 근본 원인인 원죄입니다. 에덴동산을 떠난 것이 원죄입니다. 베다 전통에서는 이를 무지(無知)라고 하는데, 무지란 어리석다는 뜻이 아니라 참되고 유일한 자기 자신, 늘 현존하며 무한한 앎, 즉 자기를 아는 무한한 신의 존재를 무시한다는 뜻입니다.

"나는 아프다" 또는 "나는 무언가 부족하다"라고 말하고 믿는 것은 자신을 유한한 존재로 인식하는 것입니다. 유한한 것만이 무언가 부족하거나 질병의 상태에 있을 수 있습니다. 참으로 있는 것, 우리 각자의 '나'는 부족함이나 질병을 알지 못합니다.

슬프거나 외롭거나 불안하거나 우울하다고 느낄 때마다 잠시 멈춘 뒤, 그 감정이 '나(I am)'라는 앎에 본질적인 것이 아님을 알아차려야 합니다.

'나(I am)'로 돌아가세요. '나'를 성스럽게 간직하세요. 자기 아닌 것과 연관되어 자기가 변색되지 않게 하세요. 자기를 경험에 내주지 마세요.

• • •

우리의 본질적이고 더는 줄일 수 없는 자기인 '나'는 어디에나 두루 존재하고, 한계가 없으며, 개인이 아닙니다. 그러므로 신이라고 불립니다.

신의 무한하며 자기를 아는 존재에 경험의 성질들이 섞여서 일시적이고 유한하며 개인적인 자아 또는 에고라는 환상이 만들어집니다. 그러나 겉보기에 개별적인 자아의 참된 자기는 신의 자기이며, 존재하는 유일한 자기입니다. 우리 각자의 '나'는 신의 현존이며, 존재하는 유일한 현존입니다.

개인적인 자아는 한 종류의 자기이고, 신의 무한한 존재는 다른 종류의 자기인 것이 아닙니다. 개인적인 자아는 단순히 경험의 한계들이 섞여 있는 신의 무한한 존재입니다. 높은 자기와 낮은 자기, 개인적인 자기와 비개인적인 자기가 따로 있는 것이 아닙니다.

하나의 자기(우리가 그것을 그렇게 부를 수 있다면), 하나의 무한하며 자기를 아는 존재만 있으며, 그 존재는 우리 각 마음의 형태를 자유롭게 취함으로써 자신을 제한하고 분리되는 것처럼 보이지만, 실제로는 홀로 늘 자기로만 존재합니다.

개인적인 자아 또는 에고는 단지 무한한 존재의 참되고 유일한 자기가 스스로 취한 가상의 한계일 뿐입니다. 리어왕과 존 스미스 사이에 거리가 없듯이, 우리 자신인 것처럼 보이는 자아와 우리의 본질적인 자기 사이에는 거리가 없습니다.

그러므로 수행이나 수행자, 길 또는 노력이 끼어들 여지가 없습니다. 모든 노력은 우리의 참된 자기를 벗어나 참된 자기 아닌 다른 것을 향해 멀어지는 듯한 움직임이 될 것입니다. 우리는 수행이나 노력을 통해서는 참된 자기로 갈 수 없으며, 사랑과 내맡김(surrender)을 통해서 자기로 갑니다. 우리 자신에서 우리 자신으로 가는 길은 바로 우리 자신입니다.

수피의 신비가 발야니는 말합니다. "그분은 그분 자신으로부터, 그분 자신을 통해, 그분 자신에게로 그분 자신을 보내셨습니다. 그분 외에 다른 수단이나 중개자는 없습니다. 보내는 자와 보내는 대상, 받는 자 사이에는 차이가 없습니다."[21]

・・・

'나는 있다(I am)'라는 앎이나 '나 자신'이라는 느낌은 신의 현존을 가리키는 흔적 또는 힌트입니다. 그것은 마음이 자신의 본질과 실체를 알고자 할 때 나아갈 방향을 제시합니다. 그것은 평화와 행복으로 가는 직접적인 길입니다.

우리가 할 일은 '나 자신'이라는 느낌에 머무르거나 '나는 있다'라는 생각을 취해서, 그 감각이나 생각이 (경험으로 제한되거나 조건 지어지기 전에) 우리를 그 근원인 우리의 존재, 신의 존재로 인도하도록 허용하는 것입니다.

'나(I am)'에 머무르는 것이 최고의 명상입니다. 그것은 자기의 본

---

21 아와드 알딘 발야니, 《Know Yourself》, Cecilia Twinch 번역(Beshara Publications, 2011).

성을 탐구하는 앎의 길의 본질입니다. 그것은 마음을 그것의 본질로 직접 데려갑니다.

그것은 또한 가장 성스러운 기도입니다. 그것은 사랑의 길 또는 헌신의 길의 본질입니다. 그것은 우리를 가슴 안에 계신 신의 현존으로 직접 인도합니다. 다른 모든 기도는 이 기도를 위한 준비입니다.

우리 자신의 존재 안에서 안식할 때, 앎의 길과 헌신의 길은 하나가 됩니다.

13
신성한 이름

'나는 있다(I am)'라는 앎이나 '나 자신'이라는 느낌은 사랑하는 분(the Beloved)[22]을 알려 주는 힌트입니다. 그것은 가슴속 신의 현존의 향기입니다. '나(I am)'에게 온전히 자신을 바친다는 것은 신의 현존 안에서 자신을 잃어버리는 것입니다. 이렇게 신의 현존 안에서 겉보기에 있는 듯한 자아를 잃어버리는 것이 궁극의 내맡김입니다.

수피 신비가인 바야지드 바스타미가 말했듯이, "자아를 잊는 것이 신을 기억하는 것입니다."[23]

---

22 신을 가리킴.―옮긴이
23 James Fadiman과 Robert Frager, 《Essential Sufism》(HarperCollins, 1997)에서 인용.

창조 이전에[24] 신이 존재해야 하고, 신이 알아야 합니다. 더 정확히 말하면, 신은 형상화되기 이전에 존재를 아는 앎을 뜻합니다. 사실, 창조 이전에는 '이전'이라는 것이 없습니다.

존재를 아는 앎을 가리키는 공통 이름은 '나'입니다. '나'는 자기를 아는 것이 무엇이든 그것이 자기에게 부여하는 이름이기 때문입니다.

신이 자기에게 이름을 준다면, 그분은 자기를 '나'라고 부를 것입니다.

그러므로 '나'라는 이름은 신의 첫 번째 형상입니다. 그것은 신의 이름입니다. 그것은 이름 없는 존재의 이름입니다. 그것은 무한한 존재가 형상 없음에서 형상으로 출현하는 첫 번째 발음입니다.

'나'는 로고스 또는 말씀이며, 발음되기 전에는 신의 드러나지 않은 지성입니다. 한번 이름이 불리면, '나'라는 입구를 통해 현현이 드러납니다.

---

24 '우주가 창조되려면 그 이전에'라는 뜻.—옮긴이

크리슈나무르티는 이를 가리켜 '처음이자 마지막 자유'라고 했습니다. 그것은 분리된 자아가 경험의 폭정으로부터 자유를 되찾기 위해 통과하는 입구이자, 무한한 존재가 경험을 위해 자유를 포기하면서 영원을 떠나 시간으로 들어갈 때 반대 방향으로 여행하며 통과하는 입구입니다.

예수가 말하듯이, "나는 문입니다. 누구든지 나를 통해 들어오면 구원을 얻을 것입니다."[25] '나'라는 이름은 유한한 마음이 경험에서 얻은 한계들을 벗어 버리고 평화와 기쁨이라는 본연의 상태로 돌아갈 때 통과하는 입구입니다.

'나'는 신의 이름이며, 우리 각자는 자기를 '나'라고 부릅니다. 신은 우리의 참된 자기가 그분의 자기임을 상기시키기 위해 우리에게 그분의 이름을 주셨습니다. 그분의 자기는 무한하고 친밀하며 비개인적인 존재, 존재하는 유일한 자기, 모든 자아의 자기, 모든 실존 안의 존재입니다.

우리 각자의 이름은 신의 무한한 존재의 수많은 이름 중 하나라는 것을 아세요. 그것은 우리 안에 있는 그리스도의 이름입니다.

---

25 요한복음 10장 9절.

우리는 자기의 이름이 불리는 소리를 들으면 "예! 저 여기 있습니다!"라고 말합니다. 그 순간, 우리의 이름을 부르는 소리는 경험에 채색되기 전의 순수한 존재, '나(I am)'라는 경험으로 우리의 주의를 끌어당깁니다. 신의 현존은 속성을 얻어 개인이 되기 전에 우리 안에서 잠시 빛납니다.

・・・

'나'라는 이름이 생각, 감정, 감각, 지각으로 인해 개인의 것이 되도록 허용하지 마세요. 경험으로 인해 변색하도록 허용하지 마세요. 생각, 감정, 감각, 지각에 휩쓸리지 말고 그저 존재 안에서, 존재로서 편안히 쉬는 데 익숙해지세요.

우리가 실제로 존재 '안에서' 쉴 수 있는 것은 아닙니다. 우리는 이미 존재이기 때문입니다. 그러니 어떤 경험을 하더라도 당신의 본질적인 존재로서 알아차리면서 편안히 쉬세요.

우리 자신의 존재는 우리의 호흡보다 가깝고, 우리의 가장 친밀한 생각과 감정보다 가깝습니다. 사실, 그것은 우리에게 가까운 것이 아닙니다. 그것이 바로 우리 자신입니다.

우리는 그것을 찾을 수 없습니다. 알아차리면서 그것으로 존재할 수 있을 뿐입니다. 우리는 그것을 잃을 수 없습니다. 간과할 수 있을 뿐입니다. 그것으로서 편안히 쉬세요. 어떤 가르침이나 상황, 관계에서 피난처를 찾지 마세요. 참된 자기 안에서 피난처를 찾으세요.

불행하거나 무언가 부족하다고 느껴지면, 갈망을 채우려고 추구하는 대신, 갈망의 '근원'을 찾아야 합니다. 갈망의 근원은 바로 '나', '나 자신', 불행한 자입니다.

'나'라는 그 느낌으로 깊이 들어가면, 서서히 또는 갑자기, 경험에서 얻은 한계들을 벗어 버리고, 우리가 추구하던 것이 바로 우리 자신임이 드러날 것입니다.

갈망하는 '나'는 갈망하는 대상인 '나'가 채색된 것입니다. 이 색채를 벗어 버리면, 그것은 신의 현존, 무한한 앎의 참되고 유일한 '나'임이 드러납니다. 라마나 마하리쉬가 말했듯이, "'나'에서 '나'를 버리면 '나'만 남습니다."

· · ·

영국에서 기숙학교를 다닐 때 우리는 매주 일요일 저녁에 부속 예배당에서 찬송가를 불렀습니다.

하느님은 내 머리와 이해 속에 계시네.
하느님은 내 눈과 바라봄 속에 계시네.
하느님은 내 입과 말 속에 계시네.
하느님은 내 가슴과 생각 속에 계시네.
하느님은 내 마지막, 떠날 때도 계시네.

그 찬송가를 좋아했지만, 당시에는 내 안의 자기가 신의 존재라는 사실을 거의 깨닫지 못했습니다. 단순한 존재감, 즉 '내가 있다'라는 앎은 우리 안에, 우리로서 존재하는 신의 현존입니다.

'나'가 개인적이거나 유한한 존재가 되지 않도록 하세요. 개인적인 자아를 위해 생각이나 감정이 떠오르거나 활동이나 관계가 시작되면, 잠시 멈추고 자세히 살펴보세요. 이해의 거울을 들어 보세요. 개인적인 자아는 앎의 밝은 빛을 견딜 수 없습니다. 그것이 이해를 통해 끝나도록 허용하세요.

이런 식으로, 우리의 삶은 분리된 자아 또는 에고를 특징짓는 두려움, 욕망, 불안에 봉사하고 영속화하는 것을 멈추며, 우리의 본성에 본래 내재한 평화, 사랑, 기쁨, 정의, 자비라는 성질을 표현하고 공유하며 누리기 시작합니다.

• • •

'나는 있다(I am)'라는 앎은 우리 각자의 유한한 마음속에서 빛나는 무한한 의식입니다. '나 자신'이라는 느낌은 우리 가슴에 가득한 신의 현존입니다. '나'는 우리 각자 안의 신성한 이름입니다.

'나'를 생각하거나 말할 때마다 우리는 아리아드네의 실[26]처럼 그것을 따라가서 빛나는 존재에 이를 수 있습니다. 이 존재는 모든 경험의 배후에 있을 뿐만 아니라(거기에서 먼저 발견될 때가 많지만) 모든 경험의 한가운데서 빛나며, 그것이 바로 모든 경험입니다.

'나'라는 앎이나 '나 자신'이라는 단순한 경험에서, 우리가 무엇보다도 갈망하는 평화와 행복이 조용히 빛나고 있음을 발견할 수 있

---

26 그리스 신화에서 크레타 공주 아리아드네는 테세우스에게 실타래를 주었고, 테세우스는 실타래를 풀면서 미궁에 들어가 미노타우루스를 죽인 뒤, 바닥에 놓인 실을 따라 미궁 밖으로 무사히 빠져나올 수 있었다.—옮긴이

습니다.

우리의 본질적인 존재를 다른 모든 사람과 공유한다고 느끼는 것이 사랑입니다. 그것이 개인, 공동체, 국가 간의 갈등을 해결할 수 있는 수단입니다.

우리의 존재를 만물과 공유한다는 것을 인식할 때 우리는 자연과 조화를 이룰 수 있고, 이를 통해 인류와 지구의 관계가 회복될 수 있습니다.

그러므로 존재를 아는 앎은 진정으로 문명화된 사회의 토대가 되어야 합니다. 필요한 것은 오직 '나 자신'이라는 느낌이나 '나는 있다(I am)'라는 생각으로 가서 그 속으로 깊이 가라앉는 것뿐입니다.

우리가 진정으로 갈망하는 모든 것은 우리 존재의 깊은 곳에 있습니다. 우리가 그것을 향해 눈을 돌리면, 그것은 우리를 그 자체로 데려갈 것입니다.